周小福◎著

微商涨粉与公众号、小程序、朋友圈、微信群

运营推广实战一本通

民主与建设出版社

·北京·

图书在版编目（CIP）数据

微商涨粉与公众号、小程序、朋友圈、微信群运营推
广实战一本通 / 周小福著 . –– 北京：民主与建设出版
社，2021.4
　　ISBN 978-7-5139-3385-8

　　Ⅰ . ①微… Ⅱ . ①周… Ⅲ . ①网络营销 Ⅳ .
① F713.365.2

中国版本图书馆 CIP 数据核字 (2021) 第 029030 号

微商涨粉与公众号、小程序、朋友圈、微信群运营推广实战一本通
WEISHANG ZHANGFEN YU GONGZHONGHAO XIAOCHENGXU PENGYOUQUAN WEIXINQUN
YUNYING TUIGUANG SHIZHAN YIBENTONG

著　　者	周小福
责任编辑	吴优优
装帧设计	尧丽设计
出版发行	民主与建设出版社有限责任公司
电　　话	（010）59417747　59419778
社　　址	北京市海淀区西三环中路 10 号望海楼 E 座 7 层
邮　　编	100142
印　　刷	唐山市铭诚印刷有限公司
版　　次	2021 年 6 月第 1 版
印　　次	2021 年 6 月第 1 次印刷
开　　本	710mm×1000mm　1/16
印　　张	13
字　　数	170 千字
书　　号	ISBN 978-7-5139-3385-8
定　　价	58.00 元

注：如有印、装质量问题，请与出版社联系。

如今，微信已经成为许多人的"必需品"。依附微信而生的微商，也逐渐兴盛起来。

有人说，微商时代已经全面来临，在这个时代任何人都能成为微商。确实，一个人只要通过微信等社交软件向别人推销产品，那他就已经成为微商。

可是，"成为"并不等于"成功"。一个成功的微商，不仅要具有推销的技巧，还要拥有引流变现的能力；不仅要能享受粉丝经济带来的红利，还要能承受运营失败带来的痛苦。想要通过微商掘金，就必须从零开始做运营推广。

放眼如今的微商市场，我们不难发现，小程序、公众号、朋友圈、微信群等，都已经成为运营者引流涨粉的重要平台。尽管各个平台的特点不同，却都能为微商所用，创造各自的价值。

• 小程序最大的特点在于"小"，占用空间不大，而且主要的功能都具备，可谓"小而美"的典范。

• 公众号被许多人看作微商运营的第一选择，因为它能带来数以百万计的粉丝和庞大的流量，而且操作十分简单。

• 朋友圈早已成为人们生活的一部分，它与用户之间的亲密性是其他渠道难以比拟的，在朋友圈引流是一种趋势和潮流。

• 微信群的一个显著特点就是能在互动中产生价值，它不仅是一个极具媒体价值的社交平台，也是微商运营的重要阵地。

随着网络技术的不断发展，利用碎片化时间进行创业已经成为现实。在未来，微商将继续保持迅猛的发展势头。本书创作的初衷正是为那些想要掘金微商领域，或者已经身在微商领域却迟迟无法实现流量变现的运营者提供一些有益的建议。

做微商运营，引流涨粉是关键。有了一定的流量，才有可能实现流量变现。也可以说，引流涨粉是做好微商运营的基础，只有夯实了这个基础，运营工作才不会变成无源之水、无本之木。

所以，本书将月较大的篇幅介绍引流涨粉的方法和技巧，希望从根本上帮助运营者解决流量不足的问题。这恰恰也是本书的特点之一。

另外，本书着眼于实战，介绍了许多非常实用的运营推广技巧，对微商运营者来说是一本颇具参考意义和实用价值的有益读本。如果你能认真读完本书，相信本书将会给你的微商运营推广工作带来巨大的帮助。

目录/
CONTENTS

第二篇　引流涨粉

第四篇　小程序

第一篇

探秘微商

微商的兴起与微信的迅猛发展有着十分紧密的联系。想要深入了解微商，甚至是投身其中，就要了解微商的点点滴滴。只有了解和掌握了其中的规律，才能在微商领域开创全新的局面。

第一章

破局微商创业

探秘微商及其商业本质

微信面世后的短短两三年时间，依附它而诞生的微商便走进了人们的生活。而且，随着微信普及程度的不断提高，微商也越来越成为人们生活中不可或缺的组成部分。

说起微商，人们最普遍的印象就是在微信上做生意的人。这种定义虽然不是十分精确，但是借助微信做生意这一点是准确无疑的。关于微商的定义，微盟总裁这样说：微商是借由微信而产生的一种移动社交电商，根据定位的不同，可以分为企业对个人的微商和个人对个人的微商。

这句话点明了两个重要内容：第一，微商是在微信的基础上产生的一种电商模式；第二，微商的运营主体不只是个人，还可以是企业。

由于微商的属性不同，其商业本质自然也有所差别。具体而言，主要可以分为以下三种。

1. 个人微商

所谓个人微商，指的是个人对个人的微商。这种微商的特点是，微商与消费者直接进行沟通和交易。在个人微商中，有一部分微商原本是做传统零售店的，之后他们跟随潮流在微信上创建了个人移动平台零售商店。

2. 团队微商

团队微商是相对个人微商而言的，指的是以团队的方式展开运营。实际上，团队微商是一般个人微商经过一段时间的发展之后形成的一种微商团队，团队的人数可以是几个人、十几个人，甚至几十个人。与个人微商相比，团队微商已经拥有自己的产品市场、客户资源和营销理念，形成了一个相对成熟的运营体系。

3. 企业微商

所谓企业微商，指的是一些品牌或企业抓住微信的风口，通过线上运营来扩大品牌和企业的影响力，进而增加产品的销量。

具体而言，企业微商的建立有以下三种比较常见的形式。

（1）传统企业抓住微信的风口，从线下转移到线上形成企业微商。

（2）个人微商发展到一定规模后，创建自己的品牌或企业，从而形成企业微商。

（3）创业者自主研发产品，创建品牌和企业，从而形成企业微商。

这三种企业微商的建立形式各有优点，对于微商来说，可以根据自身的实际情况，选择合适的微商运营方式。

无论是个人微商、团队微商，还是企业微商，都是以微信为依托来展开运营的。从本质上来说，它们都是借助微信这个平台来做生意的，只是它们的运营主体不同，所以在具体运营中会有一些不同的操作方法。但是，它们的目标是一致的，都是通过微信去寻找商机、吸引粉丝，并最终将流量变现。

微商运营小贴士 ▶▶

微商品牌化是微商实现长期持续经营的必然选择，也是微商未来发展的出路。只有注重微商品牌的建设，带给消费者更好的体验，微商营销才能做得更好。

微商的六大特点

微商之所以能在短短的几年时间里发展到如今这样的火爆程度，不仅是因为它抓住了微信的风口，也不单单是因为它受到了互联网电商的推动，还是因为它自身所具有的特点。

笼统而言，微商具有六大特点。正是这些特点，让微商成为人们生活中不可或缺的组成部分。

1. 门槛低

相较于传统商业模式，微商的门槛比较低，对想要从商的用户来说，进入这一领域相对容易一些。

通常来说，微商门槛低主要体现在以下三个方面。

（1）资金成本低。运营者不需要拥有线下实体店，无须花费租金、装潢费用等；如果只是代理别人的产品，甚至不需要在电商平台缴纳保证金，只要一个微信账号就可以了。

（2）运营平台进入门槛低。做微商运营的平台主要是QQ、微信等，只要在应用市场下载相应的软件，注册并登录自己的账号，就可以展开营销活动。

（3）运营难度低。做微商运营并不需要店铺管理经验，也不需要懂得店铺的装修、整理，相对于经营实体店或运营淘宝、京东等电商平台要简单很多。

2. 主动性强

与实体店或淘宝、京东等电商平台上的店铺不同，微商的营销方式更加主动。做微商运营并不能静等客户前来，而要主动去寻找和开发客户，向客户及时传递产品信息。尤其是在运营之初，运营者更要积极通过各种渠道和方式，去获得粉丝、增加流量、扩大影响力。

3. 信任为先

在任何商业活动中，信任都是达成交易的必备条件之一。在传统商业模式中如此，在微商运营中更是如此。主要原因在于，客户不能真切地触摸、体验微商销售的产品，从陌生人手中购买充满未知的产品不确定性更大，需要的信任也就更多。通常来说，客户之所以购买产品，一是因为信任产品的质量，二是因为信任微商运营者的人品。只有这两种信任都达到一定的程度，生意才有可能做成。

4. 双渠道营销

在产品营销中，营销者对产品的口碑都很关注。在传统营销模式中，口碑的传播往往依赖于客户之间的口口相传。这种传播速度相对比较缓慢，对产品的广泛传播产生了一定的限制。而在微商营销中，运营者可以利用各种网络社交渠道，将信息进行更快速的传播。这对产品的快速传播产生了巨大的推动作用。

5. 迅速裂变

移动社交平台的一大特点是营销内容能迅速实现裂变。能产生这种传播效果，缘于网络传播速度更快。即便没有与客户见过面，也可以通过网络将自己对产品的了解和认识在第一时间传递出去。通过这种直接且快速的方式，能够传播出去的信息量十分惊人。从微商的这一特点中不难看出，人脉资源对于微商运营具有非常重要的作用。人脉越广，粉丝越多，传播的范围就越大，速度就越快，裂变的效果就越明显。而且，裂变传播本身是无法区分客户对产品的评价的。也就是说，无论客户的评价是好还是坏，都会在短时间内在网络上形成快速传播。这就对运营者提出了更高的要求：在保证产品质量的前提下，为客户提供更好的服务，力求实现正向的裂变。

6. 过程简化

微商和客户之间的交易通常都是直接达成的，没有中间商，也就省了很多交易流程。相对于传统营销模式来说，微商营销的过程简化了许多。而简化流程就意味着降低成本，成本降低售价就会随之降低。对于商家和客户来说，这是一个双赢的局面。

微商的这些特点符合营销市场的发展趋势和客户对交易活动的期待。能够满足客户的需求是赢得客户的关键。想要通过微商创业，一定要了解微商的特点，从这些特点出发，运营才会更轻松。

> **微商运营小贴士** ▸▸
>
> 　　微商如此火爆，与其入门门槛较低有十分密切的联系。运营者只需投入很少的资金，就能创业做老板。但是，这也带来了一些问题，那就是微商运营者的水平良莠不齐。想从众多微商中脱颖而出，还要做好自身修炼，提升个人能力和魅力。

入局微商运营，不可忽视的五个关键点

　　因为进入微商领域的门槛相对较低，所以很多人都能轻松成为运营者。但是，想要在这个领域做出一番成绩，甚至从中获得丰厚的回报，那么仅仅做一个入门者是远远不够的。

　　想要对微商有深入的了解并掌握其盈利方法，下面五个关键点一定不可忽视。

1. 客户的信任至关重要

　　做生意的人都知道，客户的信任是做成生意的基础。对于微商来说，让客户产生信任感更是至关重要的。只有得到客户的信任，才能获得长期稳定的粉丝和流量。

2. 产品质量一定要有保证

　　对于客户来说，通过虚拟的网络购买产品，要承受巨大的风险和心理压力。如果产品质量无法保证，那么客户的失望感就会更加强烈，这对产品的口碑会产生消极的影响，也就很难实现广泛的正向传播。

3. 创建并管理好运营团队

　　在微商运营的每个阶段，都要做好运营团队的管理。虽然团队的人数有多有少，但是也要做到各司其职、团结协作。即便团队只有一个人，也要做好自我管理。只有这样，运营才能顺利展开，并保证销售活动正常进行。

4. 找到合适的推广平台

　　在微商运营中，寻找合适的推广平台十分重要。毕竟每种产品都会有不同

的受众和定位，只有在适当的平台上进行推广，才能更精准地吸引客户，获得更大的流量。

5. 持续不断地提升自己

微商依附微信而生，随着微信功能的不断增加，微商可以采用的营销方式也越来越多，获得的各种信息也越来越全面。这就要求运营者不断提升自己，以便做好运营，持续通过微商运营获利。

对于大多数微商运营者来说，获利和变现是他们最终的目标。在这一目标实现之前，他们所做的一切工作都只是铺垫。抓住其中的关键点，有的放矢地展开运营，能让目标更早实现。

微商运营小贴士 ▶▶

微商运营团队的建设工作需要未雨绸缪。在运营之初，就要做好相应的规划。只有提前做好预案，有所准备，才能在团队发展的过程中掌握主动权，提升团队的运作效率。

做微商运营，基本操作流程要掌握

在很多行业中，标准化流程是提升工作效率的重要措施之一。按照规定的流程工作，可以减少磨合时间，提升工作效率。

做微商运营，虽然自由度比较高，但是想要在微商的道路上一直走下去，那么基本操作流程同样不可缺少。通常来说，做微商运营的基本操作有四个流程。

1. 吸引粉丝

做微商的最终目标就是通过流量变现获得红利。想要拥有足够的流量，就要有充足的粉丝。所以说，做微商运营的第一个操作流程就是吸引粉丝。但在运营之初，大多数运营者往往没有充足的粉丝，因此运营者需要在各大媒体平台上最大限度地增加自己的曝光率，主动寻找潜在客户。

2. 制作内容

想要吸引粉丝，微商运营者需要在微信群、微博等平台上发布具有吸引力的推广内容。推广内容不仅要有文字、图片，甚至还要有视频。在制作内容的过程中，运营者可以传递一些产品的信息，也可以通过点赞、评论等与用户互动。通过精致的内容，可以达到吸引粉丝的目的。

3. 维护客户

对于微商运营者来说，成功地销售了产品，并不意味着销售活动的结束。在成交之后，持续维护客户关系，才能得到更多二次成交的机会，也会促使客户主动帮你进行传播，进而扩大产品的影响力。也就是说，维护已有客户关系是留住粉丝的基础，在这个基础上进行更广泛的传播，更容易吸引陌生粉丝。

4. 招收代理

在微商运营做到一定阶段，粉丝数量积累到一定程度之后，想要继续快速裂变会变得非常困难。此时，很多微商运营者会选择招收代理，借助代理本身具有的资源，对产品进行更广泛的传播。也可以说，招收代理的过程就是复制、裂变的过程，通过一次又一次地复制、裂变，对产品进行一次又一次的快速传播，从而获得更多的粉丝，得到更加丰厚的回报。

微商运营的基本流程是做好微商的基础所在，是微商运营者应该遵循的操作规范。只有在基本操作流程的指引下，一步步做好该做的工作，才能脚踏实地地赢得粉丝、获得利润。

微商运营小贴士 ▶▶

　　在招收代理的过程中，运营者需要进行反复的比较和甄别，只有那些具有一定人脉且与自己理念相同的人，才可能成为优质代理人。当然，承担这项工作的运营者需要具备较强的沟通能力和表达能力，这样才能与潜在代理人进行高效而精准的交流。

第二章

做好定位，才能确定地位

定位常识：了解定位的重要性

进入微商领域，是一个跟随潮流而动的正确选择。但在进入之初，面对陌生的领域，很多运营者难免产生迷茫。尤其是当看到有些微商生意火爆，自己的订单却寥寥无几时，心中更是焦虑。

在这种情况下，一些运营者会选择改换门庭，选择那些爆款产品进行销售。做出这样的选择其实无可厚非。毕竟身为微商运营者，一定是将获利放在重要位置上的。卖什么产品能挣钱，那就卖什么，这是一种理性和符合正常规律的选择。

对于大部分微商运营者来说，只有这样做，才能将自己的利益最大化，才能在微商领域获得一席之地，实现自己的运营目标。

然而，关键的问题在于，很多微商运营者不过是盲目地跟风。随意地选择爆款产品，意味着他们是在对爆款产品并不了解的前提下进行售卖的，以至于根本无法找到爆款产品的真正卖点。

当发现某一爆款产品没有达到预期的销量之后，有些微商运营者便转而去销售其他品类的爆款产品。

如此下来，不管哪款销量都不一定理想。之所以出现这种情况，主要是因为在做运营之前没有做好相应的规划和定位，以至于在实际运营时出现了偏差。

可见，准确的定位对于微商运营者来说是非常重要的。那么，定位的重要性体现在哪里呢？

1. 保持理性，不盲目跟风

很多运营者初入微商领域时，并不清楚自己想要销售哪种产品或者做哪方面的推广，而是看到微商有盈利的机会便投身其中。他们盲目跟风，什么产品好卖就卖什么产品。可是，他们对这些产品并没有充分的了解和认识，当客户提出问题或质疑时，他们往往很难给出合理的解决方案。这就导致运营难以为继，最终只能面临失败。

如果在做运营之前就能理性分析，对市场有一定的认识，在自己最熟悉的领域做微商，销售自己比较了解的产品，就能减少许多问题，而且还能降低运营的难度。

2. 发现优势，找到发力点

在运营实战中不难发现，很多微商运营者所做的领域并非自己擅长的，而是赚钱最多的。可是，在别人能赚取大量利润的领域，自己却并不能实现盈利。这就说明他们对优势的定位并不准确，或者说他们并没有很好地利用自己的优势。

毕竟，微商运营是一项长期的经营活动，即便在不擅长的领域获取了一些短期利润，但是长期运营下去，就会逐渐暴露自己对该领域不熟悉的缺点。与其如此，倒不如一开始就在自己擅长的领域发力，即便一开始不能获取较高的利润，但细水长流，总体利润依然会十分可观。

3. 坚持自我，专注做运营

现在做微商的人越来越多，市场竞争越来越激烈，想在微商市场中赢得一席之地并非易事。很多运营者在经历挫折之后，便直接选择放弃，或者转战另一个微商市场。之所以出现这种情况，往往是因为运营者对自己的定位不够清晰，没有坚持下去的动力。这样做微商，不仅前期的努力都成了无用功，而且无论在哪个领域都无法获得成功。

如果一开始就能做好定位，明确自己的目标，并对实现目标过程中可能遇到的困难做出应有的预判，那么我们在遭受挫折时就不会半途而废。只有有了清晰的定位，才能专注于自己的运营工作，才能一直坚持，直到成功。

在做微商运营的过程中，做好定位是一项十分重要的工作。只有做出清晰而准确的定位，运营者才知道自己应该做什么、不应该做什么，应该怎么做、不应该怎么做。也可以说，定位是运营者的行动指南，具有让运营者专注于某一领域的约束力。

微商运营小贴士 ▶▶

在做微商运营的过程中，运营者难免遇到各种各样的难题，如果在入行之前没有想好定位，没有做足准备，那么在困难面前就很容易退缩，运营活动也就无法持续进行下去。只有将运营定位放在一个比较重要的位置，给予它足够的重视，才能明确自己的方向和任务。

自我定位：演好自己的角色很关键

在做任何一件事情之前，都要为自己设定好角色和形象。只有找准自己的定位，才能明确自己应该站在什么角度去看待问题，以什么样的方式去处理问题，才能正确地做事，做正确的事，从而将事情做得成功且出色。

在微商运营中，做好自我定位同样重要。在尝试微商运营之前，先确定自己在运营活动中应该扮演的角色，知道自己应该从哪里开始，这是十分重要的，也是做好运营的良好开端。

由于微商通常分为三种类型，即个人微商、团队微商、企业微商，所以自我定位要根据微商类型的不同进行选择。如果选择做个人微商，那就意味着自己单干；如果选择做团队微商，则要加入或建立一个合适的团队；如果选择做企业微商，就表示运营者需要代理品牌或创建企业。

做不同类型的微商，运营者需要扮演的角色不同，对运营者的能力也有不同的要求。下面简单分析一下不同类型的微商运营者需要扮演的角色。

1. 做个人微商

做个人微商，工作重心是个人微信的宣传。这种工作对运营者的要求相对较低，比较常见的工作内容和应该具备的工作能力如下。

（1）工作内容：个人微信推广、吸引用户、推广产品、获取流量等。

（2）工作能力：利用各渠道引流、与用户沟通、宣传推广产品等能力。

2. 做团队微商

相对于个人微商来说，做团队微商需要具备更丰富的从业经验，也需要更全面的个人能力。这种工作对运营者的要求也相对高一些，比较常见的工作内容和应该具备的工作能力如下。

（1）工作内容：管理微商团队、招收和培训代理人、维护客户关系等。

（2）工作能力：一定的团队管理能力、较强的与人沟通的能力等。

3. 做企业微商

做企业微商是微商运营中难度比较大的一种，需要运营者具备较强的个人能力。这种工作对运营者的要求很高，比较常见的工作内容和应该具备的工作能力如下。

（1）工作内容：维系客户、品牌建设和管理、人才培养和管理等。

（2）工作能力：较强的管理能力，较强的与人沟通的能力，品牌建设和管理、产品宣传等能力。

自我定位的目的是帮助运营者确定以何种身份和姿态进入微商领域。这种定位主要取决于运营者自身的条件和目标，只有按照自己的实际情况，选择一种最合适的定位，才能更好地在微商领域生存和成长。

微商运营小贴士 ▶▶

想要建设一个优秀的微商团队，运营者不仅要具备杰出的工作能力，还要具备一定的团队管理能力和个人魅力。只有这样，才能把团队成员紧紧吸引到自己的周围，形成更强大的团队凝聚力。

产品定位：为客户消除痛点

做微商和做传统商业一样，都要以产品为运营中心。只有将产品售卖出去才能获得利润，这一点在任何营销模式中都是相同的。

所以说，选择什么产品进行推广和销售，对于微商运营者来说十分重要。只有做好产品定位，选择一款质量好、能够消除客户痛点的产品，才能吸引客户关注的目光。

1. 卖点选择

在竞争日益激烈的微商领域中，各种产品的更新迭代速度在不断加快，客户对产品的要求也越来越高。只有真正具有卖点的产品才能吸引客户，才能从同类产品中脱颖而出。

一般来说，产品的卖点体现在以下几个方面。

（1）概念。打造产品概念，就是为产品塑造特定形象，让客户对产品产生深刻的印象。

（2）品质。客户愿意购买的产品往往是品质比较高的，将品质作为卖点，能对客户产生吸引力。

（3）包装。任何一种产品都需要包装，在品质相同的情况下，精美的包装会成为一个卖点。

（4）特色。产品独有的特色是其与众不同的卖点，这种差异性会让客户产生关注和购买兴趣。

（5）情感。人对情感的需求是永恒的，将情感作为卖点，能够直抵客户内心，更容易打动他们。

（6）代言人。邀请明星、网络红人等做产品的代言人，可以将他们的粉丝吸引过来，变成产品的购买者。

2. 找到想要销售的产品

在微商市场上，产品种类繁多，运营者的选择也十分多样。如何从众多产品中选择一款最适合自己的产品进行销售，这对运营者是一个巨大的考验。实际上，只要把客户需求和兴趣特长作为前提，做好这项工作并不困难。

客户有需求，产品才会有市场；需求量越大，产品的销量就越大。所以说，找到客户的需求，也就找到了产品的定位。

在有兴趣和特长的领域，人们往往愿意付出更多的时间和精力，那么微商也将有更多的优势去展开运营。从这个角度入手，可以更快速地做好定位、做好运营。

3. 考量产品

在决定经营某种产品之前，不仅要考虑市场环境和客户的需求，还要对产品进行细致的考量。需要考量的因素主要有以下几个。

（1）质量。产品质量关系到客户的满意度和产品的口碑，选择高质量的产品十分重要。

（2）需求量。需求量对销售量有决定性的影响，需求量大的产品销售起来也会更容易。

（3）性价比。性价比越高的产品，越能吸引客户的关注，越能获得较高的满意度。

（4）市场占有率。市场占有率越高的产品，竞争就越激烈，因此思考如何应对竞争就显得非常重要。

（5）市场前景。市场前景好的产品才能持续销售，并能在一段时间内连续获利。

产品定位并不是一项简单的工作，而是一个复杂的系统工程。在满足客户需求的前提下，通过挖掘卖点等方式，对将要销售的产品做出客观的评价，才能发现最适合运营者销售的产品。

一旦做好产品定位，运营者就不能轻易改变。否则，不仅之前做出的所有努力都将付之东流，运营者的口碑也会受到负面影响。

> **微商运营小贴士** ▶▶ ──────────────
>
> 　　为产品做定位并非一朝一夕的事情，也不是仅仅借助一些简单的数据就能完成的。做好产品定位，找到最有可能获利的产品去销售，这样才能在微商运营中获得丰厚的回报。

客户定位：精准确定目标群体

　　客户是微商运营的对象，是完成交易的关键因素。对于运营者来说，只有精准锁定客户，为客户群体提供满足他们需求的产品，才能吸引更多的客户，提高销量。

　　客户定位，就是找到运营的对象，并将产品精准推介给这些有真实需求的对象。所以说，客户定位可以分为两个步骤进行操作。

1. 定位产品使用人群

　　在确定要销售的产品之后，微商运营者就要去寻找产品的使用人群。所谓使用人群，就是那些会用到并愿意使用这类产品的人。

　　寻找使用人群，通常需要考虑两方面的因素。

　　（1）性别。很多产品都有性别属性，如果性别定位混淆不清，推广就缺乏针对性。

　　（2）需求。真正有需求的使用者才是微商运营的主要目标，这是筛选客户的关键步骤。

　　确定产品的使用人群是缩小客户范围的重要手段。经过这个步骤的筛选，那些符合条件的人群才是微商运营者需要全力攻克的。

2. 定位产品适用人群

　　产品使用人群的确定为运营者找到了大致的营销对象；而确定适用人群，则是更加精准地进行定位，找出那些适合使用产品的人，从而进行更有针对性的营销。

确定适用人群，通常也需要考虑两方面的因素。

（1）购买能力。客户的购买能力决定着他们能为产品花多少钱，根据这一因素去衡量，可以缩小客户范围，精准确定客户群体。

（2）消费意识。客户的消费意识决定着他们的消费方式和行为，寻找消费意识更强烈的客户，可以更加轻松地促成交易。

精准定位客户群体，从中选择最可能完成交易的群体展开营销，这让营销更具针对性，不仅可以节约时间和运营成本，还能促使交易更快、更轻松地达成。当然，在对客户进行定位的过程中，需要考虑的因素还有许多，如客户的家庭构成、工作性质、财务状况等。考虑和权衡的因素越多，对客户的定位就越准确。

微商运营小贴士 ▶▶

对客户进行定位，实际上就是为客户群体画像，呈现出他们的共同需求和特点，并据此为他们提供合适的产品，这样才能消除客户的痛点，给他们一个购买产品的理由。

模式定位：正确的模式让运营事半功倍

微商运营的门槛相对较低，投入资金相对较少，所以很多想要自己创业的人都拼尽全力地想要挤进这个圈子。然而，微商运营并非易事，想要顺利入局甚至获得红利，选择正确的运营模式十分重要。

所谓正确的运营模式，不仅要顺应市场，也要适合自己。只有这样，才能实现高效运营，让运营事半功倍。

一般来说，常见的运营模式有以下几种。

1. C2C模式

所谓C2C模式，就是个人对个人的运营模式。在这种模式下，微商运营者在积累一定数量的粉丝之后，将产品信息发布到朋友圈或通过个人微店等形式将产品销售出去。这种运营模式具有以下优点：

（1）操作起来比较简单，容易上手。

（2）工作内容相对单一，对综合能力要求不高。

2. B2C模式

所谓B2C模式，就是企业对个人的运营模式，它主要指的是通过企业公众平台销售产品并为客户提供服务。这种运营模式是在C2C模式的基础上发展起来的，也是微商未来发展的趋势。这种运营模式具有以下优点：

（1）商品管控比较严格，运营流程比较严谨。

（2）产品质量较高，品牌传播速度更快。

（3）客户信任度高，与客户联系紧密。

（4）客户集中度更高，流量变现更简单。

3. O2O模式

所谓O2O模式，就是线上运营与线下运营相结合的模式，比较常见的形式是线下体验与线上消费相结合。这种运营模式比较适合服务行业或者想做线上运营的实体店。这种运营模式具有以下优点：

（1）打破了时间和地域的限制，运营起来更自由。

（2）增强客户体验感，提升客户满意度。

（3）双渠道运营，与客户联系更加紧密。

4. 代理模式

所谓代理模式，指的是微商不直接销售产品，而是通过招收和培训代理来进行营销的微商模式。在这种模式下，微商需要打造自己的团队，通过团队实现成功营销。这种运营模式具有以下优点：

（1）对微商的能力要求较高，磨炼价值较大。

（2）需要一定的管理能力，有利于个人成长。

（3）获得收益的渠道广，能获得更多收益。

5. 品牌模式

所谓品牌模式，指的是微商创建自己的品牌或者借助其他企业品牌展开运营。对于微商来说，创建自己的品牌一般周期会比较长，而借助企业品牌固有的资源和力量展开微商运营则比较容易。这种运营模式具有以下优点：

（1）品牌的竞争力较强，有助于吸引粉丝和流量。

（2）市场认可度较高，可以获得较多收益。

（3）未来发展趋势较好，有持续发展的空间。

6. 混合模式

所谓混合模式，指的是将两种甚至多种运营模式结合起来展开运营。这种模式融合了多种运营模式的优点，可以让客户得到更好的消费体验。这种运营模式具有以下优点：

（1）给予客户更好的消费体验，客户满意度更高。

（2）与客户的互动性更强，沟通效果更好。

（3）与客户的黏度更高，连接感更强。

不同的运营模式具有不同的特点和优势，在运营过程中，运营者应该根据自己的实际情况，选择更加适合自己的模式。模式选对了，运营起来会更加高效，运营效果会更加显著，能够获得的收益也会更多。

微商运营小贴士 ▶▶

　　运营模式的定位取决于诸多因素。在定位的过程中，运营者需要考虑自身能力、资金状况、竞争环境等因素，在综合考量和评定之后，再做出最有利于自己的决定。

第三章

优质软文是打造爆款的重要手段

找准五个切入点，增强软文的表现力

相较于传统的硬性广告，软文最大的特点就是"软"。通过用户更容易接受的软性方式来传播广告理念和产品，会让客户在不知不觉中就接收到广告信息，对产品产生更多的认可。

对于软文创作者来说，找到那些更能戳中客户心灵的关键点，并以它们为切入点，通常是打造爆款软文的关键所在。

也就是说，优质软文的创作不仅考验创作者的文字功底，更加考验创作者对市场的敏锐度及对客户的了解程度。

在创作软文的过程中，比较常见的切入点有以下几个。

1. 网络热帖

在互联网上可以找到很多传播范围很广的热帖，这些热帖已经有一定的阅读量，本身就带有一定的流量。将这些热帖收集起来，整理加工之后再次进行传播，往往可以获得比较理想的阅读量。

需要注意的是，在以网络热帖为切入点时，一定要在原主题上发挥自己的创意，不能"拿来就用"。而且，这种操作模式只适用于刚刚着手软文创作的阶段，在有了一定的经验和水平之后，就要减少这种操作模式，尽量自主创新。

2. 热点事件

网络上的热点事件往往能够吸引很多人的眼球，选择这类切入点，可以在短时间内吸引大量的关注，获得比较好的推广效果。

以热点事件为切入点，需要注意的一点是，销售的产品一定要与热点事件

有所关联，至少要做到自圆其说，不能给人牵强附会或蹭热点的感觉。

3. 用户体验

对于客户来说，真切的使用体验比微商的口头宣传更有说服力。将用户的真实反馈作为软文的切入点，会起到更好的宣传作用，客户对微商和产品的信任程度都会更高。

当然，在宣传用户体验的过程中，一定要做到实事求是。只有采用真实的客户反馈，做到有据可查，才能增加客户的信任感。如果只是胡编乱造，一旦被客户发现纰漏，那么微商将可能无法继续运营。

4. 产品故事

每种产品诞生的背后都有无数的精彩故事。利用产品的故事去创作软文，会让客户深陷其中。毕竟，相较于枯燥的宣传，客户往往更喜欢充满趣味性的故事。无论故事是悲伤的还是快乐的，只要能够起到宣传产品、推广品牌的作用，那么故事就是好的。

通过讲故事的方式来撰写软文，一个重要的标准就是故事应尽量真实。真正发生过的事情更能经得起客户的推敲，更具有打动人心的力量。

5. 新闻报道

提起新闻报道，很多人的第一反应就是它具有权威性、真实性。如果在软文中融入新闻报道的元素，那么软文的说服力就会更强，更能吸引客户购买产品。而且，正向的新闻报道有利于提升企业品牌形象，让企业得到社会更多的认可。

但是，以新闻报道为切入点创作的软文，并不是在所有的渠道都能获得良好的宣传效果，只有在一些门户网站上才能得到比较多的关注。

对于运营者来说，撰写软文的切入点当然不止上述五个。通过更多的观察和练习，运营者可以不断提升写作能力和水平，最终找到自己最擅长的写作方式。

当然，想要实现这一目标并非轻而易举的事情，而是需要相当长的一段时间持续练习和研究。对于微商运营者来说，这是一个不断历练的过程，只有不断坚持、持续努力，才能找到最佳的切入点，从而创作出打动客户的精彩软文。

微商运营小贴士 ▶▶

在创作软文之前，找准合适的切入点是一项十分重要的工作。这项工作不仅要求运营者具有敏锐的市场嗅觉，也要有强大的整合能力和学习能力，只有经过不断地锻炼，才能撰写出最契合产品的软文。

创作爆款软文，从写好标题开始

对于微商运营者来说，创作优质软文的目的是增加产品曝光度，吸引更多用户的关注，让产品信息得到更广泛的传播，进而实现营销目标最大化。

在如今这个信息爆炸的社会中，网络上的各种信息正以超乎想象的速度进行传播。在微商领域中，各种各样的软文也不断出现在用户的视线中。想要写出脱颖而出的软文，对所有微商运营者来说都是一个巨大的挑战。

在一篇可以抓住用户眼球、吸引用户阅读的软文中，丰富、有效的信息是必不可少的。用户通过阅读能够得到的信息越多，对自己的帮助越大，他们继续阅读的兴趣就越大，最终选择购买产品甚至宣传产品的可能性就越大。

那么，如何才能在短时间内抓住用户的眼球呢？这要从我们的阅读方式和习惯展开分析。当浏览软文时，我们首先看到的通常是软文的标题。如果觉得标题有意思，那么十有八九会继续阅读正文；如果觉得标题十分乏味，那么很有可能会直接跳过这篇文章。所以说，撰写一个吸睛的标题显然是创作软文的重中之重。

想要打造爆款软文标题，微商运营者可以尝试从以下几个方面着手。

1. 展现产品亮点

通过软文可以向用户传递产品信息，让用户对产品产生更深刻的印象和认识。如果能在标题口介绍产品的亮点，让用户一眼就能看到产品所具有的优势、特征等，那么不仅能提升用户的关注度，还能帮助用户在短时间内判断出产品是否适合自己，能否满足自己的某种需求。这样为客户提供了便利，宣传效果会更加显著。

2. 体现差异化

在如今的市场上，产品同质化越来越严重，这给软文的差异化创作带来了一定的困难。但是，反过来看，正是因为差异化非常稀缺，所以它才变得更加重要。

体现差异化，不仅表现在要与同类竞争对手的软文标题有所差异，也表现在自己的软文在不同平台上的标题也要有所不同，还表现在同一个平台上的软文标题也要有不同的风格。

3. 精准推送给受众

任何一款产品都有其相对固定的受众，没有哪款产品能满足所有人的需求，当然也没有哪篇软文可以打动所有用户的心。所以说，创作一个最符合受众群体的软文标题，精准推送给用户，往往可以提升软文的阅读量。

4. 说明实用性

用户购买产品的一个主要原因是产品具有实用性，能够满足自己某方面的需求。在撰写软文标题时，可以抓住用户的这一关注点，着重强调产品的实用性，告知用户产品能够给他们带来的便利，以此来吸引用户关注。

5. 借福利吸引眼球

每个人都想买到物超所值的产品，如果在购买产品时还能得到额外的福利，那么很多人会乐此不疲。将福利作为吸引眼球的噱头，让用户觉得买到就是赚到，他们往往会蜂拥而至，情不自禁地为了福利而阅读软文。

6. 使用一目了然的数字

相较于文字，数字更加生动形象、一目了然，在标题中使用数字，可以更加直接地表达软文主题，向用户传递最关键的信息。而且，使用数字来编写软文标题相对简单一些，对运营者来说创作起来更加轻松。操作简单又能激发客户的兴趣，可谓一举两得。

7．利用对比突出优点

通过与同类产品做对比的方式来创作软文标题，可以凸显自己产品的优点，让用户产生更加深刻的印象。运用这种创作方式，不仅宣传了自己的产品，也打压了竞争产品，是一举两得的好方法。

创作爆款软文，首先从写好标题开始，这一点毋庸置疑。那些吸引眼球的标题更能激发用户的阅读兴趣，让用户在阅读中接收产品信息，乃至最终选择购买产品。

微商运营小贴士 ▶▶

在创作爆款软文的过程中，创作者需要对标题、正文、图片等展开综合考量。在各种因素中，软文标题显然占据着十分重要的位置。精彩的标题是激发用户阅读兴趣的关键所在，是吸引用户关注产品的触发器。

增强吸引力，图文结合更有效

对于大多数微商运营者来说，撰写软文不是一件容易的事，毕竟不是每个人都有深厚的文字功底。写出一篇自己和用户都满意的软文，确实让很多人觉得十分为难。

既然是软文，就必然和文字有关联。创作任何一篇软文，都要有文字的一席之地。但是，软文的表现形式并不是只有文字这一种，还有图文结合及带有视频的软文等。

每种软文形式都有它存在的空间和价值，微商运营者需要根据不同的情况和场合，在适当的平台上进行发布和推广。只有以恰当的形式发布在合适的平台上，才能对产品起到宣传和推广的作用。

尤其是在目前的市场环境中，各种信息扑面而来，各种新颖的表现形式也层出不穷，再加上用户对阅读体验的要求越来越高，这就使得软文的创作必须跟上时代的步伐，才能满足用户的各种需求。

1. 纯文字的软文

根据既有的经验，如果在一篇软文中只有文字描述，那么难免会让用户产生枯燥、乏味之感，在阅读过程中很容易产生疲劳感，以致难以保有持续的阅读兴趣，很难顺利读完整篇软文。

2. 带视频的软文

视频形式的软文往往能让用户更加直观、生动地接收产品信息，推广效果也会更好。但是它的运营成本较高，对运营者的能力和技术要求也更高，所以不是微商运营者的最佳选择。而且短视频营销已经逐渐演化成一种独立的营销模式，带视频的软文已经失去了优势。

3. 图文结合的软文

图文结合的软文的表现形式通常比纯文字的软文的表现形式更加灵动、活泼，能带给用户更加丰富的知识和信息，更能触动用户的心，让用户有更浓厚的阅读兴趣。而且它的制作成本要比带视频的软文的制作成本低很多，对运营者的能力和技术要求也更低一些。所以说，在比较常见的几种表现形式中，图文结合的形式一般是运营者最常使用的。

对于微商运营者来说，创作软文的目的是吸引更多的用户完成阅读，并从中接收产品信息。对于这个目的而言，无论是从成本还是从呈现效果上来说，图文结合都是一种比较理想的软文表现形式。

微商运营小贴士 ▶▶

创作图文结合的软文，如何选择和运用图片是一道难题。创作者一定要在充分了解软文主旨和创作目标的前提下，再去寻找、制作图片。如果图片选择不当，那么不仅无法给文字锦上添花，反而会削弱文字的力量。

发布软文有策略，效果不打折

通过软文来推广产品和扩大品牌知名度，是一种比硬广告更能让用户接受的宣传方式。它不仅改变了以往的宣传模式，还打开了更多的营销渠道。对于微商运营者来说，软文营销是一种更高效的营销模式。

在这种模式中，运营者不仅要有构思和创作的能力——撰写吸引用户的软文，还要掌握发布软文的策略。只有懂得如何更好地发布软文，才能让软文发挥最大的作用。

通常来说，在发布软文的过程中，运营者需要关注以下几个方面。

1. 发布平台

在现有的市场上，比较常用的软文发布平台有三类，它们各有各的特点和优势，在不同类型的平台上需要采用不同的发布策略。具体内容如表3-1所示。

表3-1　软文发布平台的类型、优势及发布策略

平台类型	平台优势	发布策略
平面媒体	①存在时间较长，受众人数较多，易于传播 ②受众群体积累一定财富，消费实力较强 ③软文真实可见，受众信任度高	选择受众较多、权威性较强的平面媒体去发布软文，影响力更大，传播范围更广
桌面媒体	①无须考虑版面，软文长度所受限制较小 ②保持时间较长，传播范围较广 ③可被收入搜索引擎，更易被受众发现	在软文中多使用热点关键词，增加被受众搜索到的概率，能够提升宣传效果
移动媒体	①随时随地都可发布，便利性强 ②精准推送给目标群体，针对性强 ③传播速度快，在短时间内就可以引爆市场	创作内容较短、更加吸睛的软文，让目标群体利用碎片时间就能完成阅读

在目前的市场中，一些有实力的微商运营者会同时在几个平台上发布软文，以实现对受众的全方位推广。但是，即便在多个平台上都发布软文，也要有所侧重。根据产品和软文的特点，在最合适的平台上投入最大的成本和精

力，才能实现价值最大化。

2. 发布顺序

在推广和宣传产品时，应该按照"软文为先，硬广告靠后"的顺序进行发布。原因在于，如果发布的软文足够精彩，目标客户就会被吸引，进而认真仔细地阅读，在不知不觉中就看了产品介绍和微商运营者想要传达的信息。

假如先发布硬广告，目标客户对产品有了一定的印象，就很可能对软文产生戒备心理，这样他们就会直接跳过软文。一旦出现这种情况，那么软文将不会产生任何营销效果，之前所做的一切努力都会白费。

3. 发布内容

对于软文创作过程的艰辛，很多运营者都深有体会，所以对最终呈现的软文都倍感珍惜。但是，运营者并不能在所有的平台上都发布相同的软文内容。运营者应该根据平台的特点和要求，对软文进行相应的改造，无论是语言风格还是软文标题，都应该以适应发布平台为标准。也就是说，发布内容不能一成不变，而要适应平台用户的需求。

在很多现实的案例中，一些运营者在软文的创作上花费了大量时间和精力，却将费尽九牛二虎之力创作出的软文随意地发布出去。结果，软文没有达到他们预想的宣传效果，于是急忙否定软文的作用，推翻自己的想法。运营者之所以有这种举动，是因为他们对软文的发布并没有足够重视，也没有掌握相应的发布技巧和策略。

软文的创作和发布是一个有机的整体，是微商运营中不可分割的重要组成部分。如果不懂发布策略，那么一篇非常优秀的软文也有可能达不到预期效果。而掌握了发布策略，就能将软文推进传播扩散的快车道，在短时间内引爆发布平台。

> **微商运营小贴士** ▶▶
>
> 　运营者发布软文的方式和方法对软文的推广效果有着很大的影响。优秀的运营者不会只关注创作而忽视发布，只有两者紧密结合、相辅相成，才能对推广产生最大的促进作用。

第四章

微商运营，变现才是硬道理

出售产品变现：将粉丝转化为客户

对于微商运营者来说，粉丝和流量是应该努力追求的目标。但做运营的最终目标并非赢得粉丝和获得流量，而是实现流量变现，只有完成流量变现，才能获得实实在在的利润。

在诸多变现方式中，最常见的一种就是通过出售产品来变现，很多微店、微商都是采用这种方式将粉丝转化为客户，进而达成变现的目标的。

有些微商运营者在做运营之初就将出售产品视作流量变现的第一选择，因为这是一种相对简单而且容易实现的变现方式。大部分初入微商领域的人实际上并没有非常丰富的经验，他们只是看到了微商运营带来的巨大利润，于是抱着试试看的心态投身其中。在没有很多资金投入、缺乏运营成本的情况下，从最简单的出售产品做起，即便运营效果不理想，也不会有太大的损失。对于初学者来说，及时止损关乎他们的切身利益，所以很多运营者会将止损效率视作展开微商运营的重要因素之一。

通过出售产品来实现变现，具有两个十分显著的优点。

1. 风险较低

通过实践不难发现，微商出售的产品是真实可见的，定价、数量等也能根据粉丝的反馈得到相对精确的数字。也就是说，关于产品和运营的许多可变因素，运营者都能有效掌控。而在运营过程中，运营者能够掌控的可变因素越多，根据实际情况调整运营方向和模式的机动性就越强，遭受损失的可能性就越低。对于想要投身微商领域的人来说，能够以较低的风险展开运营，就能最大限度地保护自己的利益不受损害。

2. 操作简单

出售产品变现这种运营模式的定位比较明确，切入点比较容易找到，制定的目标也比较容易完成，而且它对运营者的综合能力要求相对较低。综合而言，它比提供服务或培训等运营模式的操作难度要低，对运营者来说是比较合适的入门选择。

这种运营变现方式其实沿用了传统的电商思维，利用商品差价来获取利润。在这种模式下，流量转化的关键在于挖掘客户的需求和较高的性价比。它虽然相对简单，但想真正做好并非易事。因为无论是线上还是线下，商品的同质化越来越严重，想要通过商品质量和价格来获得粉丝和客户的认可，已经变得越来越困难。

所以说，在采用出售产品变现这种运营模式时，需要运用一些技巧和方法。比如，要在粉丝积累到一定数量之后再去尝试宣传产品，而不是从一开始就为自己的产品打广告。因为如果没有粉丝和流量，那么运营者再好的变现手段都是空中楼阁，根本没有实现的可能。在粉丝积累到一定程度之后，再去出售产品，从而将粉丝转化成客户，这样更容易实现变现这一运营目标。

微商运营小贴士 ▶▶

通过销售产品来完成流量变现，不仅要积累足够的粉丝，还要确保销售的是优质产品。粉丝购买产品是出于对运营者的信任，一旦这种信任被劣质的产品摧毁，那么粉丝就会抛弃运营者。

广告变现：广告链接产生广告费用

无论是传统的纸质媒体，如报纸、杂志等，还是网络媒体，如门户网站、视频网站等，广告总是充斥其中，成为各种媒体重要的组成部分。

各种广告之所以能够长盛不衰，是因为它同时满足了品牌商、广告商、观众等不同群体的需求，既推广了品牌商的产品，又让广告商得到了报酬，还给观众带来了有用的信息和感官上的享受。能够满足多群体需求这种特质，正是广告长期拥有市场的重要原因之一。

而且广告的形式充满变化，无论是哪种媒体，都有广告存在的空间和价值。在微商时代，由于信息传播速度更快，受众范围更广，广告的表现形式也更多，所以广告的宣传效果会比以往更加显著，作用也会比以往更加重要。对于很多微商运营者来说，通过在宣传中嵌入商业广告来实现流量变现，是一种相对简单和便捷的变现途径。

通常来说，运用广告变现的模式，需要遵循以下几个原则。

1. 精准原则

不同的微商账号会有不同的受众和用户，要根据用户的实际情况选择相适应的品牌商，这样推广精准度更高，推广效果也更好。

如果微商运营者选择的广告与用户的实际情况不符，那么不仅难以让用户接受，还有可能出现掉粉的情况。

2. 契合原则

广告设计和投放形式要视品牌而定，品牌知名度、广告诉求等都是应该考虑的因素。广告与品牌的契合度越高，推广效果就越好。

如果做不到契合，那么广告效果必然大打折扣，并没有什么实际的推广价值。

3. 精细原则

每则广告的设计和投放都应该精益求精，只有呈现最佳的广告产出比，才能吸引粉丝购买，提升粉丝对品牌商的信任度和满意度。

如果微商运营者为了追求数量而对广告粗制滥造，那么只会让粉丝产生不被尊重的感觉，甚至由此产生反感。

4. 口碑原则

广告投放之后，要时刻监控广告数据，一旦出现问题，立刻与品牌商沟通协调，及时弥补错误。好的口碑才能换来长期的合作，以及更大的利润。

如果微商运营者在投放广告之后就不闻不问，那只会给品牌商留下不负责任的印象，难以持续通过广告实现流量的变现。

在遵循上述原则的同时，必须明确的是，广告变现模式中的广告与软文中的广告并不是相同的概念。软文中的广告是将宣传信息与文章巧妙地结合在一起进行宣传，广告是软文的一部分，是一种"软广"；嵌入广告的变现模式则是将广告直接插入文中，广告和文章内容可以没有联系，是一种"硬广"。

对于微商运营者来说，一定要将"软广"和"硬广"区分开来，这样才有可能实现广告变现的目标。简单地从目的性上进行区分的话，"软广"主要是为了宣传自己，"硬广"则是通过为别人做宣传来赚取广告费的。也就是说，"硬广"是变现的主要途径。

通过做广告来扩大知名度并推广产品，从而获得更多的客户和销量，进而赚取更多的利润，这是品牌商愿意投资做广告的主要原因。所以，越是能为品牌商带来流量和客户的媒体和渠道，越会受到品牌商的青睐。

在微商运营中，这一原则同样适用。对于微商运营者来说，当粉丝数量积累到一定程度，能够在某些领域对粉丝产生一定的影响力甚至引领力的时候，微商账号就会成为一些品牌商的广告投放阵地。

因此，微商运营者如果想要采用这种变现模式，那么在运营之初只需要关注一个问题，那就是如何吸引粉丝、增加流量。拥有足够的粉丝和流量，不仅能让自己的账号受到更多关注，从而推销自己的产品，也能通过设置广告链接来赚取广告费，以此来实现流量的变现。

微商运营小贴士 ▶▶

广告变现的基础是有人愿意在微商账号上做广告，而想要受到品牌商的青睐，首先要拥有足够数量的粉丝，对品牌推广产生足够大的助力。也就是说，广告变现的前提是做好账户运营，流量越大越有可能获得广告收益。

会员付费变现：对优质服务收费

在诸多变现模式中，会员付费变现模式是一种比较常见且使用率很高的模式。这种模式不仅能给客户带来一定的利益，也会给微商运营者带来相当可观的会员费。

在这种模式下，客户一旦获得会员资格，就可以在享受种种优惠的同时获得相应积分，当积分达到一定额度时，又可以用积分兑换或抽取奖品。

不仅如此，在成为会员之后，还能享受到普通客户无法享受的优质服务，从而获得更好的消费体验。

因此，对于很多会员，尤其是那些长期在同一家店铺或品牌店消费的客户来说，成为会员能够获得的利益和回报会让他们心甘情愿地花钱购买会员资格。

通常而言，想要成功运营会员付费变现模式，首先要满足以下几个关键点。

1. "逆向"销售

想在微商运营中获得粉丝的认可，从而实现对会员收费的目标，千万不要采用传统的以商品为起点的销售模式。而要逆向而为，以客户需求作为销售的起点，通过挖掘需求并给予满足来获得客户的认可，令客户得到较好的消费体验。

2. 信任为先

在微商领域中，运营者和客户的关系更需要信任去维系。运营者只有为客户提供令人信服的产品和服务，逐渐赢得客户的信任，才能让客户放心地交纳会员费；通过会员权利享受到更优质的服务之后，客户会主动维系会员模式，从而让这种模式长期经营下去。

3. 形成社交关系

想要更持久地运用会员付费变现模式，就不能简单地把粉丝和会员看作交易的对象，而要尝试与他们保持长久的社交关系，彼此成为关系良好的朋友，这对于长期维系合作关系会有很好的促进作用。

通常来说，在吸引粉丝付费成为会员之前，先要对用户进行分析，发现他们的痛点，并为他们提供解决痛点的产品，从而增强与粉丝之间的黏度。

一旦粉丝付费成为会员，他们就会与微商形成长期的生意伙伴关系。如果服务让会员感觉满意，他们甚至会介绍身边的亲人、朋友等前来消费，在这样的持续传播之下，微商账号将会受到越来越多的人关注，得到越来越多的客户和销量。

微商运营小贴士 ▶▶

做会员付费变现，需要运用社群思维。社群中属性相同的人是转化成会员的基础。当粉丝在社群中找到与自己志同道合的人时，他们往往更愿意成为付费会员。

培训模式变现：高级课程输出换取学费

所谓"术业有专攻"，每个人都有自己擅长的领域，在微商运营过程中，同样可以利用自己的优势去为别人提供帮助。对于那些想要在某一领域有所发展或突破的粉丝来说，付费学习相关课程，是一种乐于接受的提升方式。

简单来说，就是利用自己的特长为需要的人提供培训，以获取学费的方式来实现流量变现。比如，微商圈中很多人擅长演讲、管理等，他们利用自己的专业知识，制作一些实用性较强的课程，如果客户愿意为了提升自己而学习，那就要支付相应的费用。

在微商运营中，培训模式变现是一种很常见的盈利模式，比较普遍的模式有以下两种。

1. 初期免费，后期收费

通过培训模式变现，最好的操作方法是初期免费，后期收费。在推出课程之初，客户往往心存戒备，以免费的方式去吸引客户，当他们发现培训课程确实对自己有用时，就会被课程吸引，即便后期需要付费才能继续学习，他们也愿意为了自己的提升而付出相应的费用。

当然，在这种模式下，初期免费的课程一定要保证质量，如果因为没钱可赚就敷衍了事，那么粉丝是不会被吸引的，更不会选择以付费的方式继续接受培训。

2. 推出高级课程

在微商领域中，很多运营者采取另一种培训模式变现的途径——直接推出高级课程。尽管这种课程价格不菲，但是依然有很多客户愿意花钱购买。原因非常简单，在网络发达的今天，一些常规知识很多人都有机会接触，但是一些高端知识并不是每个人都有机会去学习的。为了在竞争中领先别人一步，或者为了在更高级的领域中拥有一席之地，很多人都愿意在学习上进行投资。

选择推出高级课程变现，有非常重要的一点，那就是必须物有所值甚至物超所值。也就是说，运营者推出的课程一定要具有较高的价值，只有价值与客户的投资相匹配，甚至价值超出客户的投资，客户才愿意继续接受培训。

每种变现模式的出现都是以客户的需求为基础的。客户需要更多专业、高端的知识，才催生了培训模式变现。这种变现模式是一种双赢的模式，微商运营者赚取了学费，接受培训的客户获得了知识。双方各取所需，是市场筛选的结果。

微商运营小贴士 ▶▶

通过培训模式来完成变现，并不要求运营者必须亲自参与到培训之中。运营者可以与某些领域的专业人士展开合作，双方共享资源，一起搭建培训模式变现的平台。通过合作，双方共同获利，与接受培训的客户实现三方甚至更多方的共赢。

第二篇

引流涨粉

　　做微商运营，引流涨粉是关键。有了一定的流量，才有可能实现流量变现。也可以说，引流涨粉是做好微商运营的基础，只有夯实了这个基础，运营工作才不会变成无源之水、无本之木。

第五章

借助腾讯系，挖掘粉丝资源

加入QQ群，私聊涨粉丝

微商依附微信而生，微信自然是一个十分重要的运营阵地。但这并不意味着微商只能在微信这一个阵地上引流涨粉，腾讯系的另一重要构成——QQ同样是不可忽视的营销阵地。

从发展历程上来说，QQ是微信的"前辈"，其用户数量也非常可观。而且，QQ的群众基础更加深厚，即便微信如今已经占据更大市场，QQ依然有其生存空间。只要采取适当的方法，在QQ上做运营，一样可以获得良好的效果。

通常来说，加入QQ群是做好运营的第一步。运营者需要给潜在客户精准画像，选定合适的推广对象之后，再通过关键词搜索去寻找适合做营销的QQ群。

比如，如果选择做运动品牌，则可以在QQ查找功能中搜索"运动""足球""篮球""健身"等与运动有关联的关键词，然后选择加入活跃性较高的QQ群。

当然，运营者加入QQ群之后不能在第一时间推销产品或发布广告，以免引起群成员的反感。而要采取一定的策略，循序渐进地增加与其他成员的感情，最终实现引流的目标。

1. 修改群名片

一个有个性且能表现自己特质的群名片更容易引起其他成员的关注，关注越多，与别人交流的机会就越多。

2. 主动参与讨论

进入QQ群之后，要积极融入这个群体，当有人提出某个话题时，要主动参与讨论，以求尽快与其他成员打成一片。

3. 添加群友为好友

与QQ群里的成员熟识之后，可以主动添加群友为自己的好友，从而展开一对一的对话和沟通，了解他们的具体情况和需求。

4. 提供价值

在QQ群里提供有价值的信息，或者制造有意义的话题，通常可以引起群友的共鸣，吸引一些人主动添加运营者为好友。

5. 发起临时讨论组

在QQ群里有了足够数量的好友之后，可以发起临时讨论组，就某个具体话题展开积极的讨论，实现批量引流。

在腾讯系的阵营中，QQ群是微商运营的中坚力量。QQ群建立的基础是群成员具有共同的爱好、品位、追求等，这种共通性恰恰是微商运营者可以利用的。找到那些符合客户画像的QQ群，可以更加精准地展开运营，从而更加精准地引流，让微商账号获得更多的关注。

微商运营小贴士 ▶▶

在微商运营中，加入QQ群的目的是涨粉和引流，所以凡事都应以涨粉和引流为最终目标和行为导向。根据过往的经验，一对一私聊比群发的模式更容易赢得粉丝的认可。

巧用QQ空间，发现潜在粉丝

在网络推广的诸多渠道中，QQ空间是不可忽视的重要组成部分。QQ空间的内容非常丰富，只要掌握正确的操作方法，它能够传播的信息量与微信、微博等不相上下。而在引流方面，它也能起到巨大的作用。

QQ空间不仅可以作为搜索引擎来用，也可以作为一种非常实用的社交工具。通常来说，微商运营者可以通过下面这几种方式来吸引粉丝。

1. 给好友赠送礼物

在QQ空间给好友赠送礼物，不仅可以增进彼此之间的感情，也是引流的重要手段。在留言中添加礼物链接、微商账号等内容，可以引导好友关注微商账号，从而挖掘潜在粉丝。

而且，不是只有在节日或重要的日子里才能给好友赠送礼物，礼物随时可以送，毕竟每份礼物都是美好的祝福。只不过频率不能太高，免得太过暴露营销的目的。

2. 优化QQ空间

想要成功地利用QQ空间进行引流，重点在于获得足够的浏览量。为了吸引更多的用户浏览自己的QQ空间，运营者需要不断对其进行优化。

一般而言，可以从以下几个方面着手。

（1）用新注册的QQ号开通QQ空间，以此激发用户的猎奇心理，吸引更多人浏览。

（2）寻找比较受关注的关键词，来组成空间的名称或制作个人简介。

（3）在各大门户网站上发布QQ空间的链接，提高被搜索引擎收录的概率。

（4）将QQ空间的访问权限设置为所有人都可访问，以便陌生人也能看到QQ空间里的信息。

3. 提升曝光率

QQ空间的曝光率越高，越容易被其他用户发现，对于推广和运营的促进作用也就越大。

通常来说，提升曝光率的方法有以下几个。

（1）每天将生日日期更改为离当天最近的一天，这样运营者的头像、昵称等个人信息就会持续出现在其他用户的QQ空间中。

（2）以赠送礼物或积分兑换等方式邀请用户转发运营者的日志和说说，

提升QQ空间的浏览量。

（3）每天持续更新日志和说说，让其他用户每天都能看到运营者发布的信息。

4. 精心装扮空间

QQ空间是一个属于运营者个人的营销阵地，运营者完全可以根据需要对它进行精心装扮。充满个性、信息丰富的QQ空间往往可以吸引其他用户更多的关注目光。为了达到这一目标，运营者可以付费获得会员资格，以便提高QQ空间的营销价值。

5. 用好留言板

QQ空间的留言板功能是一个不能忽视的与其他用户进行沟通的方式。尽管在留言板上很难实现实时互动，但是从传播信息的角度来说，这是一个很好的营销渠道。即便这些留言不是针对日志或说说的，甚至与运营者传播的信息关系不大，运营者也要给予及时的回复，并积极"回访"。只有这样，才能激发对方继续来访的欲望。

利用QQ空间发掘粉丝，虽然很难与潜在粉丝进行实时沟通，但在传播信息方面具有很大的意义和价值。那些愿意与运营者沟通的用户，通常对运营者传播的信息有一定程度的认可，所以运营者可以采用更加精准的营销策略去打动他们，将他们从"过客"变成粉丝。

微商运营小贴士 ▶▶

如今，很多微商运营者将微信视作营销的主战场，这一点无可厚非。可是，这并不表示他们可以直接忽略QQ空间。从实际操作的角度来说，多一条传播渠道，就多一份成功引流的可能。所以，从长期传播信息和吸引流量方面来说，QQ空间还有其存在的价值。

玩转微信红包，高效获取更多粉丝关注

微商依附微信而生，伴随微信功能的不断发展和升级，运用微信展开营销的方式也在不断变化。

在微信诞生之初，"附近的人""摇一摇""漂流瓶"等功能都曾风靡一时。通过这些功能，微信用户在网络上与很多陌生人进行沟通和交流，在无形之中扩大了交际圈，在更广阔的世界里找到了更多的朋友。通过这些功能，一些运营者已经能够展开营销和吸引粉丝，成为最早的借助微商盈利的人。

随着微信功能的不断增多，有些之前被用到的营销方式和吸粉方式已经不再是主流，在运用过程中也遇到了一些瓶颈。这些实用性已经不强的微信功能显然不再是营销的最佳选择。但对于微商的整体发展来说，更新迭代是市场发展和技术完善共同作用的结果，对微商运营的不断发展是有益的。

在目前的微商领域中，发微信红包是许多运营者都会运用的一种涨粉方式。从某种意义上说，微信红包是激发粉丝热情的催化器，对提升运营者的影响力很有实际意义。

通常来说，微信红包有两种发放方式。

1. 拼手气红包

所谓拼手气红包，就是发放者设定红包总金额及红包个数之后，自动生成既定个数的红包，每个红包的金额通常会有差异，能抢到多少金额就靠个人的手气。

2. 普通红包

所谓普通红包，就是单个红包金额和红包数量都已经由发放者确定，每个人抢到的金额都一样。

这两种红包形式都是十分常见的。在具体运用的过程中，相对比较普遍的是拼手气红包。这种发放形式更具不确定性，能给人带来更大的感官刺激，使人产生抢红包的冲动。

对于很多粉丝来说，抢红包并不是为了赚钱，而是为了追潮流，寻求好运气带来的愉悦感。从某种意义上讲，抢红包只是他们的一种娱乐活动而已。在明白这一点之后，微商运营者就可以按照制定好的规则和一定的规律，为粉丝发放红包，让他们享受抢红包的乐趣。

微商运营者和粉丝之间不只是买卖关系，还有情感关系的维系。在运营者持续给予粉丝红包刺激的过程中，粉丝也会给予运营者相应的回报。他们不仅会主动与运营者成为好友，还会在自己的朋友圈里为运营者做宣传。在这种情况下，运营者的粉丝数量会不断增加，那些潜在的粉丝也会被慢慢挖掘出来。

在运营实践中不难发现，一些运营者因为资金不足而不愿采用发红包这种引流策略。诚然，这种策略确实需要一定的资金支持，但资金数额并不像一些运营者想象得那么夸张，毕竟粉丝不会指望着抢红包挣钱。发红包的最终目的是吸引粉丝的眼球，让更多的粉丝关注你的微商账号。只要能吸引粉丝参与到抢红包的活动中，那就可以了。

微商运营小贴士 ▶▶

发微信红包的作用不仅在于给予粉丝娱乐性，还能提升他们的参与感。粉丝参与的积极性越高，粉丝黏性就越强，微商账号的影响力也就越大。

利用搜索引擎，大批量挖掘微信群

在传统销售模式中，宣传产品的渠道有很多。其中有免费的，也有付费的，具体使用哪种渠道，需要营销者根据自己的资金、规划等做出最终的判断。

在微商领域中，同样有很多可用的渠道来吸引流量，增加微商账号的粉丝数量。微商运营者可以选择付费资源来增加粉丝数量，也可以选择免费资源来增加粉丝数量。无论选择哪种渠道，最终的目标只有一个，那就是寻找合适的目标人群去完成推广。

在确定产品的适用人群后，根据产品功能属性的关键词进行相关搜索，可以更加精准地确定用户群体。通过这种细分，可以将很多潜在的粉丝挖掘出来。在实际运营中，通过寻找微信群来获得大批量的粉丝是运营者经常使用的策略之一。

通常来说，利用搜索引擎来挖掘微信群的方法有以下几种。

1. 搜索微信群

在百度等搜索引擎中搜索微信群，可以得到很多搜索结果，其中就有大量的微信群二维码，通过扫描二维码加入这些微信群。可以发现，这些微信群分为交流群、学习群、招商群等，群成员可以在这里分享知识、经验等。通常来说，微信群里的人都在某方面有共同的兴趣、爱好等。通过搜索微信群，不仅可以大量挖掘潜在粉丝，对粉丝的定位也可以更加准确。

2. 搜索二维码群

在微博上展开关键词的搜索，如搜索"健身""美食""篮球""足球""美妆""养生"等，同样可以发现大量的二维码群，扫一扫进群之后，就可以在群里发现大量的潜在客户。由于这类二维码群都是经过分类的，所以搜索到的潜在客户通常定位都比较精准，有利于展开精准营销。

3. 创建微信群

利用搜索引擎不仅可以搜索已有的资源，还可以自己创建微信群，然后将微信群的二维码上传到百度图片、搜狗图片等搜索引擎平台上，让潜在客户发现运营者。想要提升二维码的曝光度，可以在一些网站上发布配备二维码图片的软文。这样操作为微信群二维码的传播开拓了新的渠道，当潜在客户搜索关键词的时候，就可能搜到你创建的微信群。

对于很多微商运营者来说，通过微信群来挖掘粉丝是一种相对简单的操作方法。只要在搜索引擎中输入关键词，就能在网络中寻找到相对精准的客户群体。这种模式成本较低，操作简便，对资金有限的微商运营者来说，是一条寻找粉丝的良好途径。

微商运营小贴士 ▶▶

　　利用搜索引擎的过程其实就是在收集和传播信息，当运营者和粉丝通过这种渠道建立起联系和信任时，账号流量会随之不断增大，变现的效果也会越来越明显。

百度推荐词：搜索量越大，排名越靠前

在互联网时代，很多人逐渐养成了一种习惯：想要寻找什么产品或问题的答案，就用搜索引擎展开搜索，在短时间内就能找到想要的信息和资料。

对于遇到难题的人们来说，搜索引擎的出现，让他们拥有了更加简便的寻找信息的方法，这给他们的生活和工作带来了极大的便利，节约了大量时间。

对于百度平台而言，则可以通过用户的搜索记录，每天从数以亿计的搜索词中分析提炼出搜索量排名靠前的词条，以此生成百度推荐词的数据库。当用户在搜索框中输入文字的时候，百度动态就从这个数据库中自动提取以此文字打头的词条，并动态生成下拉菜单。在这个菜单中，用户可以选择自己想要搜索的词条，从而节省打字的时间，更便捷地完成搜索。

通常来说，百度推荐词有以下几个作用。

1. 搜索便利

很多时候，用户在搜索某个关键词时，并不知道如何更加准确、完整地搜索想要的信息。比如，搞不清楚产品的具体名称，记不清楚完整的人名等。在这种情况下，百度推荐词就能为用户推荐相关的信息，让搜索变得更加便捷。

微商运营者如果能让产品信息排在推荐词的前列，那么很容易就能被用户搜索到，增加产品的浏览量。

2. 精准定位市场

推荐词是搜索量靠前的词条的汇总，当用户搜索相关词汇时，能够生成下拉菜单的信息都是与之相关的。也就是说，用户的需求定位是相对明确的，这

一市场的定位也是比较精准的。

微商运营者在确定一个市场之后，可以利用产品信息去做百度推荐。这种操作模式相对稳定，可以吸引用户主动加粉。

3. 增加信任感

由于百度品牌本身具有较高的威信，所以对于很多用户来说，百度推荐的产品和信息都是比较可信的，能在百度推荐词中找到的产品往往更受用户的信任。微商运营者可以充分利用这一点，将产品包装成更加吸引用户的品牌产品，并由此不断扩大产品的影响力。

总体而言，百度推荐词是一种比较常用的推广和吸粉方式，尤其对于拥有自有品牌的微商运营者来说，这种方式是很实用且有效的。

通过运营百度推荐词，运营者可以在短时间内将产品和品牌信息传播出去，在网络上形成较大的影响力。随着越来越多的粉丝关注到运营者发布的信息，信息的传播速度会不断加快，很快便会在网络上引领一股潮流。

微商运营小贴士 ▶▶

百度推荐词的出现为微商运营者提供了一个新的推广和引流渠道。只不过，任何一种有效的推广方式都要以信任为基础。运营者发布的信息要真实、可靠，给粉丝的承诺一定要兑现。

百度贴吧：抢占首页，抓住热门流量

百度贴吧是百度旗下的独立品牌，是一个基于关键词而形成的主题交流社区。目前，百度贴吧的目录已经涵盖社会、生活、教育、娱乐、体育、游戏等方面，而且随着社区用户的不断增加，贴吧目录也在不断更新。

对于经常上网的人来说，百度贴吧是一个很好的沟通平台。在这里，志同道合的人可以进行交流互动。那些拥有共同兴趣爱好的人，可以聚集在某个贴吧里，探讨他们共同的话题。那些喜欢在百度贴吧里发布消息的人，完全可以在这里找到属于自己的主题贴吧。

对于微商运营者来说，每个不同的主题都是一个细分市场，在这里进行推广和宣传，很容易就能找到目标客户群体。因此，百度贴吧成为很多微商运营者比较常用的引流平台之一。

通常来说，借助百度贴吧引流，比较常用的方法有以下几个。

1. 合理选择热、冷门贴吧

热门贴吧的优点在于参与者众多，流量较大；缺点在于发帖人数较多，帖子更新频率较高，运营者的帖子很容易被新帖覆盖。冷门贴吧的优点在于发帖人数较少，帖子不会轻易被新帖覆盖；缺点在于流量较小，推广效果不是很明显。

在运营推广中，运营者既可以选择热门贴吧进行宣传，也可以选择冷门贴吧进行宣传。要根据实际情况和推广目标，合理进行选择。

2. 设置吸睛的标题

贴吧是以关键词为基础的主题交流社区，用户在寻找自己感兴趣的贴吧时，往往会搜索关键词，所以在帖子的标题中不能少了关键词。巧妙地使用关键词来构建标题，是吸引粉丝的一项重要工作。

在帖子标题的构成中，越是吸睛的关键词越容易被搜到；关键词越多，被搜到的可能性就越大。所以说，关键词是贴吧标题的重要构成部分，用好关键词，就做好了引流的第一步。

3. 使用软文进行宣传

在贴吧里发布帖子，帖子的内容必须有保证。只有好的帖子才能吸引用户的目光，所以对帖子内容的把控直接影响用户的阅读体验。在很多情况下，微商运营者需要使用软文进行宣传。

使用软文，可以得到吧友的赞赏，进而得到长期保存在贴吧里的机会。因为越是受人关注的帖子，越容易被贴吧管理员关注到，越有机会长期保存在贴吧里。

4. 结合时事热点

贴吧中的帖子数量庞大，想要从激烈的竞争中脱颖而出，成为热门帖，在内容方面一定要有吸人眼球的元素。

一般来说，时事热点是运营者经常用到的内容之一。比如一些时事报道或娱乐圈的新闻，都能吸引用户的眼球，引导用户点击阅读，从而实现引流。

5. 申请成为吧主

在百度贴吧里，吧主占据着很重要的位置。他们像管理员一样维持贴吧秩序，承担相应的责任。吧主在管理贴吧的同时，可以尝试发布一些信息进行引流，还可以对贴吧里的帖子进行清理。

当然，在发帖的时候，还需要注意一些细节。

（1）多准备几个帖子，在不同的贴吧里发布，因为重复的内容会引起管理员的警惕。

（2）不要在帖子中添加任何链接，但是可以在评论中带上链接。

（3）帖子的内容要真实且有价值，能够得到用户的认可，满足用户的需求。

对于微商运营者来说，百度贴吧是一个重要的宣传阵地。在这里，运营者可以发布针对目标群体的帖子，吸引他们参与到沟通和讨论中。在积极融洽的沟通中展开宣传和推广，会比生硬的宣传更加深入人心，促使用户变成粉丝，进而带来更大的流量。

微商运营小贴士 ▶▶

在百度贴吧里发布帖子，自然追求更高的曝光度。利用百度贴吧首页这个流量入口，去获得百度贴吧的官方推荐，这会让宣传事半功倍。

百度经验：干货满满，信任感带来更多粉丝

在通常情况下，搜索引擎会根据网站的权重高低来排定推广顺序。权重越高的网站，在搜索引擎中的排名就越靠前。就百度公司的具体情况来说，它们通常会把较高的网站权重给自己的产品，如百度知道、百度贴吧、百度百科、百度经验等往往会得到较高的权重，所以，这些百度系的平台都是不能忽视的。

百度经验之所以应该受到微商运营者的关注，是因为百度经验是一款生活知识系的产品，它的主要内容是告诉用户一些实用经验，让用户知道一些具体操作的方法。也就是说，百度经验是一款干货满满的产品，主要目的在于帮助用户解决实际问题。对于用户来说，百度经验的内容具有很强的借鉴性，很多用户在遇到问题时，往往会在百度经验上寻求帮助。

在这个平台上，用户可以分享各种各样的经验。这些经验是用户在多次实践之后才得到的知识或者技能，是用户耗费时间、精力、金钱才得到的宝贵财富。这些分享出来的经验让那些想要得到相关经验的人少走了很多弯路，消除了很多困惑，解决了很多问题，对他们来说，这些经验是十分有益的，那些分享经验的用户是非常值得信赖的。这种信任感恰恰是借助百度经验这一平台进行推广的关键所在。

根据既有的经验，借助百度经验引流，以下几点需要多加注意：

（1）在标题中不能包含广告，而且一定要有与内容高度匹配的关键词。

（2）完成操作所需的工具可以不写，但是操作步骤一定要清晰明了。

（3）在所写内容中如果涉及链接，则一定要确保与经验内容有关联。

（4）如果内容并非原创，则千万不要添加原创标签，以免被看作剽窃。

（5）在内容中不能添加链接，而且最好通俗易懂、图文并茂。

百度经验平台的审核相当严格，一旦有不符合平台规定的情况出现，那么微商运营者发布的内容就很可能会被删除。所以，在这个平台上引流，一定要创作质量较高的内容。如果觉得自己无法写出令人满意的内容，则可以到网络上搜索相关内容，寻找创作方法和技巧，通过借鉴的方式去创作自己的内容。

在百度经验平台上发布内容，有一些比较容易掌握的通过审核的办法，对于引流有很大的帮助。

1. 操作步骤详尽

对于需要从百度经验寻求帮助的用户来说，操作步骤越详尽，上手越轻松，操作起来越简便。所以，他们对步骤详尽的经验会有更多的好感。百度经验平台会根据用户的需求和喜好，将这类经验推到比较靠前的位置。这样一来，微商运营者能够得到的流量入口就会很大。

2. 借用第三方的力量

在宣传推广方面，可以借用第三方（推广服务商）的力量，让他们帮忙发布百度经验，这样不但可以提高内容审核的通过率，而且能多一条宣传渠道，还能节省一部分时间和精力，从整体上提升了引流效率。

通过百度经验进行引流，关键在于获得用户的信任。有了这个前提条件，用户才会愿意接受微商运营者的引导，去浏览和关注运营者的微商账号。对于运营者来说，给用户最有效、最实用的经验，应该是始终不变的追求。只有通过这种方式，才能不断吸引粉丝，不断增强粉丝黏性。

微商运营小贴士 ▶▶

发布百度经验，一定要注意联系方式的嵌入形式。尽量避免直接挂上链接或带有广告词，可以采用文字转接的形式，让用户主动联系。

百度网盘：公开分享文档，让有需求的人主动找上来

在百度系的众多产品中，百度网盘是面世较晚的一个。虽然比较"年轻"，但是它的实用性让越来越多的人开始关注并使用它。

只不过，现在大多数人只是把它当作寻找资源的渠道，很少有人把它开发成推广和宣传的渠道。也就是说，如果微商运营者选择运用百度网盘进行引流，那么面临的竞争压力就会相对小很多，最终成功引流的可能性也会大很多。

在百度网盘上做推广，同样有一些注意事项，做好以下几点，往往可以取得较好的推广效果。

1. 打造稀缺感

借助百度网盘做推广，网盘文件夹的标题一定要别出心裁、吸人眼球，给用户带来稀缺感，这样才能激发他们的兴趣，最终吸引他们完成下载。

2. 资源公开分享

百度网盘是一个开放的平台，这个平台上的资源都是大家共享的。只有把资源公开分享，其他用户才能看到这些资源。用户一旦觉得这些资源确实有益，就会主动联系分享者。

3. 发布链接地址

当资源被公开分享之后，分享者会得到一个链接。分享者应该将这个链接提交给百度平台，然后去其他网站上发布这个链接。这样一来，链接就会被搜索引擎收录，这对于后续传播有十分积极的意义。

百度网盘是一个相对"年轻"的平台，很多人对于如何在这个平台上做推广并没有清晰的认识。微商运营者应该抓住这个契机，在推广手段、模式方面进行深入的摸索，寻找一条最适合自己的推广之路。如果能在这个平台上率

先发力，占据一席之地，那么通过这个渠道吸引的粉丝和流量一定是非常可观的。

微商运营小贴士 ▶▶

　　百度网盘是一个公共平台，每个用户都能在此分享自己的资源。有吸引力的资源一定是有价值的，是能满足粉丝的某些需求的。

第七章

借力阿里平台，巧妙引流涨粉

淘宝购物评论，通过评价吸引粉丝

喜欢在网络上购物，尤其是在淘宝上购物的人都有一个相同的习惯，那就是浏览之前的用户对产品的评论。通过别人的评论，可以看出用户对产品的大致评价，对于准备购买产品的人来说，这些评价具有一定的提示作用和借鉴价值。

从另一个角度来说，那些愿意浏览和阅读评论的人，通常已经对产品产生了购买欲望，对产品有确实的需求。只需根据他们浏览和阅读的购物评论，就能将这些用户分成不同的类别。对于微商运营者来说，通过购物评论寻找粉丝更容易做到精准定位，可以更加高效地进行引流。

那么，怎样通过购物评论进行引流呢？简单来说，引流的过程其实就是购物的过程，具体分为两个步骤。

1. 选购产品

想通过购物评论实现引流，首先自然要完成购物这一过程。选择产品的标准，一是自己平时能够用到，二是能够有效带动流量。相对来说，价格低且销量大的产品应该成为优先选购的对象。因为这样能在成本较低的情况下获得相对较大的流量，这种比较精准的选择对引流有很大的益处。

2. 做出评价

在收到产品之后，就可以在商品评论中展开引流工作。其中很重要的一点是，要在评论中加入自己的联系方式，以此给潜在粉丝提供联系的途径。而且，要使用追加评价再次留下自己的联系方式，以便增加曝光率，获得更好的推广效果。

通过评价引流的方法有很多种，但是最需要运营者关注的一点是如何吸引其他用户，让他们对自己传播的信息产生足够的兴趣。在对产品做完评价之后，微商运营者需要做的就是等待，等待有需求和感兴趣的用户主动联系自己。

微商运营小贴士 ▶▶

　　通过淘宝购物评论进行引流，运营者不但购买了自己所需要的产品，而且在评论的过程中进行了宣传和推广，可谓一举两得。只是要注意，评论一定要和购买的产品有关联，只是单纯地留下联系方式，往往会产生适得其反的效果。

创建淘宝店，获取精准流量

　　在淘宝上创建一家店铺，售卖某种类型的产品，往往可以发掘相对精准的粉丝群体。那些愿意浏览店铺并在店铺里购买产品的用户，通常是具有某种需求的用户。这种需求恰恰是微商运营者可以发掘和加以利用的。通过淘宝店铺将流量引导到微商运营者的账号上，可以实现精准营销。

　　比如，微商运营者主要做管理培训，那么可以在淘宝店铺中售卖管理类的书籍或培训课程；微商运营者主要做室内装修，那么可以在淘宝店铺中售卖装修建材等。总而言之，在淘宝店铺里售卖的产品要和微商账号销售的产品有关联，这样才能精准地吸引粉丝。

　　具体到引流环节，想要更加高效地完成目标，通常要做好以下几个方面的工作。

1．在淘宝论坛上发帖子

　　微商运营者可以将产品的功能、特性等写成一篇帖子，在淘宝论坛上进行发布。论坛客户定位相对精确，所以获取的流量也相对精准。

2．搜索引流

　　每个产品都有关键词，通过搜索与自己产品相关的关键词，可以找到竞品并发现用户需求。根据搜索情况为店铺起名，能够较为精准地吸引粉丝和流量。

3. 确定上架时间

在为淘宝店铺上架产品时，应该把控好时间。在人气较旺的时候上架产品，产品更容易被平台用户关注到，也更容易吸引流量。

4. 充分描述产品

在上架新产品的同时，运营者要对产品有充分而准确的描述。通过描述，不仅能充分体现产品的价值，也能吸引有需求的客户进入店铺。

5. 推出促销活动

在淘宝平台上有许多促销活动，如"满减""淘宝拍卖"等，运营者可以根据店铺的实际情况，推出一些能够吸引粉丝的促销活动。

6. 鼓励买家给出好评

淘宝店铺的好评度对店铺的销售有着直接的影响，运营者必须加以重视。通过好评返红包、上传图片得优惠券之类的活动，可以激励买家给出好评，以求提升店铺的评分，吸引更多的新客户前来光顾。

创建淘宝店铺的目的是为微商账号吸引流量。本着这一目的，微商运营者的重要工作就是持续维护和开发客户。淘宝店铺的客户越多，受到的关注也就越多，可以带动的流量也就越大。从根本上说，微商运营者将淘宝店铺做得越好，能够获得的粉丝和收益就越多。

微商运营小贴士 ▶▶

　　通过淘宝店铺进行精准引流，要求微商运营者对淘宝店铺的创建、运营等有一定的了解。如果这方面的知识储备不够，则可以考虑招聘专业人员管理店铺。虽然需要付出一定的成本，但从长远来看，这对微商账号的开发是有极大益处的。

使用闲鱼，发现引流机会

闲鱼是一个交易闲置物品的平台，用户数量庞大。在这个平台上，卖家可以销售自己闲置不用的物品，释放家里的空间；买家则可以以相对较低的价格购买到心仪的物品，节省了一部分开支。

通过闲鱼这个网络平台，买卖双方各取所需。更为重要的一点是，双方节约了宝贵的时间，以非常便利的方式就获得了益处。因此，闲鱼在诞生之后的很短一段时间内，就拥有了数以亿计的用户和粉丝。

对于闲鱼的用户来说，在闲鱼上交易，不仅能够得到实实在在的物品或金钱，还能在交易的过程中结识各种各样的人。也就是说，闲鱼不仅是一个交易平台，还是一个社交平台。对于微商运营者来说，闲鱼平台就是一个潜在的流量池。通过以下几个步骤，可以将粉丝引流到微商账号上。

1. 寻找"鱼塘"

在闲鱼平台上有各种各样的"鱼塘"，划分的标准多种多样。比如，可以按小区、社区等地域进行分类，也可以按品牌、兴趣等标签进行分类，还可以按护肤、防晒等功能进行分类。

微商运营者想要寻找什么类型的粉丝，就可以加入什么类型的"鱼塘"。在这里，微商运营者可以按照不同的标准精准挖掘粉丝，从而展开精准营销。

2. 发布产品信息

在一般情况下，在发布产品信息的时候，应该附有吸引人的文案。在文案中可以介绍产品信息，也可以推介一些优惠活动。

微商运营者应该根据用户的不同需求来确定文案的撰写方式，产品最吸引用户的那部分信息应该是重点介绍的内容。

3. 增加曝光率

在产品信息发布出去之后，要想方设法地让更多的用户看到这些信息，也就是努力增加产品信息的曝光率。这样才能吸引更多的用户，不断增加流量。

微商运营者可以到目标粉丝较为集中的"鱼塘"里，给其他用户点赞，以便引起其他人的注意，进而吸引他们去关注运营者发布的信息。

4. 引流和转化

通常来说，在为其他用户点赞之后，他们出于礼尚往来，也会到微商运营者的平台看一看。微商运营者可以抓住这一机会，将用户转化为自己的粉丝，并为继续将他们引流到微商账号做好准备工作。

微商运营者将用户和粉丝吸引到自己的微商账号之后，还需要做进一步的筛选。毕竟，不是所有的粉丝都能带来价值和利益。有选择地进行转化，才是高效营收的正确方法。

综上所述，利用闲鱼进行引流，具有精准度较高的优点。而且，由于这个平台上的交流大多建立在交易的基础上，双方都能从平台上获得益处，最终实现互惠互利的目标，所以交流起来也相对简单。

当然，从另一个方面来讲，既然涉及利益和交易，那么信任感对双方来说都十分重要。微商运营者想要获得粉丝的信任，就要在设置个人资料时多注意。能让人产生信任感和安全感的个人资料，往往能够吸引更多的粉丝流向微商账号。

微商运营小贴士 ▸▸

闲鱼是一个交易平台，来这里的用户通常都有某种需求，微商运营者可以根据这些需求，为不同类型的用户设计不同的引流策略。抓住用户需求，往往就能抓住用户。

阿里巴巴引流，七个关键技巧不能少

阿里巴巴是一个交易平台，这里的用户往往不是卖家就是买家，而且买家通常会有某种特定的需求。

对于很多中小电商和消费者来说，阿里巴巴是一个很好的平台，不仅产品丰富，而且能够在众多产品中进行比较和衡量，所以他们会经常使用。在这个平台上进行宣传和推广，通常可以直接将用户流量吸引到自己的微商账号上。

在一般情况下，运用阿里巴巴进行引流，以下几个关键技巧不能忽视。

1. 巧用关键词

准确而吸引人的关键词通常可以吸引更多的用户，带来更多的流量。将一些比较受关注的关键词巧妙组合起来，有助于增加店铺的曝光率，从而吸引更多用户和粉丝。

2. 自创店铺介绍

运营者要写一个原创性的店铺介绍，将主营产品、产品材质、具体型号、竞争优势等呈现在用户面前，这样可以强调差异化，并从众多店铺中脱颖而出。

3. 浏览旺铺

阿里巴巴平台上的旺铺往往更容易受到用户的关注，销量也更加可观。通过浏览旺铺并留言，可以增加自己店铺的曝光率。如果旺铺的老板给出回馈，那会在用户中引起更大的反响，引来更大的流量。

4. 交换链接，互相收藏

在阿里巴巴平台上有各种各样的群组，微商运营者可以加入有利于推广自己产品的群组，在这里结识新的朋友，然后与对方交换链接并互相收藏。这样做可以提升双方店铺的关注量，是一个很好的互惠技巧。

5. 多参加活动

阿里巴巴常常组织各种类型的专场活动，以便更精准地推广产品和店铺。无论能否在活动中获得较大的成交量，都可以积极参与其中，在增加曝光率的同时，也可以了解竞争对手的现状。

6. 发布专栏文章

专栏文章可以同步到阿里旺铺的公司动态，也就是说，在专栏中发布含有关键词的文章标题，就有可能实现精准引流。对于运营者来说，这是一个简单、高效的引流方法。

7. 用好阿里巴巴生意经

阿里巴巴生意经中的内容具有操作性强、方法多样等特点，所以用户喜欢在这里汲取开店知识和经验。如果能在这里完成一篇质量上佳的生意经回答，就可以吸引很多流量。

众所周知，阿里巴巴是一个交易平台。经常光顾和浏览这个平台的用户，一般都是想在这里做生意的人。无论用户是商家还是消费者，双方在对利益和价值的追求方面是具有一致性的。也就是说，只有在实现共赢的情况下，一笔生意才能达成。反过来也可以说，双方对利益的共同追求恰恰是促使双方达成一致的关键所在。

对微商运营者而言，给平台用户足够的利益，让他们得到切切实实的好处，通常就能吸引他们的注意力，促使他们从平台用户转变为微商账号的粉丝。

毕竟，对于做生意的人来说，首要的目标就是获取利益。无论是哪种渠道、哪种方式、哪个平台，只要是合法合规的，就都是可以考虑使用的。在互相比较之后，能够带来最大利益的往往就会成为最终的选择。

在阿里巴巴这个优质平台上，能够发现和挖掘的用户数量是十分可观的。只要微商运营者能够采取合理的方法和技巧，就有很大的机会去获取粉丝。因此，微商运营者应该重视这一平台，将它作为寻找粉丝的重要渠道。

> **微商运营小贴士** ▶▶
>
> 通过阿里巴巴生意经进行引流，首先要对生意经的分类有所了解。通常来说，生意经可以分为热门话题、积极话题、大众话题三种类型。微商运营者可以根据自身的实际情况，选择合适的话题做出回答。

第八章

玩转微博，多渠道提升粉丝数量

制造热门话题，粉丝数量涨起来

微博对网友的影响力想必已经无须赘述，很多通过微博进行营销的人也已经尝到了微博带来的甜头。对于微商运营者来说，玩好微博，也能有效提升粉丝数量。

常在微博做营销的人都知道，微博粉丝数量对营销效果有着举足轻重的影响。粉丝数量越多，话题性越强，能够带动的流量也就越大。在粉丝基数很大的情况下进行精准营销和转化，自然比在粉丝数量较少时更加轻松。

当然，提升粉丝数量需要一定的技巧，也并非一蹴而就的事情。而通过制造热门话题来引流，是一种比较常见且有效的方法。

一般来说，制造热门话题的技巧有以下几个。

1. 巧妙提及话题

每个微博都需要一个话题，在发布信息的时候，一定要首先提及话题，这样才能让其他微博用户一眼就看到微博的主题，达到迅速抓住用户眼球的目的。而且，每天的话题应该有所不同，只有不断更新才能持续吸引用户关注。

2. 介绍关键词

关键词是话题的灵魂所在，介绍几个关键词，就能搭建起话题的整体结构。关键词的选择和运用一定要与主题和产品有密切的关联，这样才能带动话题。

3. 表现形式要灵活

通常来说，灵活的表现形式更能吸引人。包含视频或者图文结合的微博往往更容易让用户产生阅读兴趣，以及选择点赞和转发，从而带动更多的流量，获得更多的粉丝。为了达到这一目标，可以找一些传播率较高的图片和视频。

4. 微博号互相推荐

在发布微博的时候，可以@一些微博账号，以便引起对方的关注。尤其是一些粉丝数量较多的微博账号，更是宣传和推广的绝佳渠道。通过互相推荐，可以增加各自的流量，进而带动整体流量的上涨。

5. 使用长图文

在微博平台上，长图文功能已经成为一种比较常用的功能。在头条文章中，作者可以发布长文，也可以插入图片，还可以添加联系方式等。也就是说，这种方式的限制较少，相较其他平台更自由。当然，图文结合的重点依然在文字，只有写好文章才能吸引平台用户。

有话题就有流量，这句话并不是随口而来的。所以说，通过微博引流，制造热门话题是一个非常有效的手段。越多的人被话题吸引参与到话题讨论中，话题的传播就越快速、越广泛。对于微商运营者来说，受众越多，阅读量越大，粉丝数量上涨的速度就越快。

微商运营小贴士 ▶▶

通过热门话题吸引粉丝、提升粉丝数量，话题的重要性不言而喻。制造热门话题来吸引粉丝的方法有很多，但根本都在于满足粉丝的某种需求，让他们对话题充满兴趣，也就促使他们对产品产生兴趣。

与大V合作，让更多粉丝看得见

对于大部分刚刚投身微商领域的运营者来说，粉丝数量不足是一个十分常见且让人头疼的事情。这并不奇怪，毕竟作为新人，人脉和资源都不是那么丰富。想要在微商领域有所建树，需要长时间的积累。在提升粉丝数量的过程中，微商运营者可以通过合作的方式来提高工作效率，最终完成个人目标。

在任何一项工作或活动中，个人的能力都是有限的，微商运营者想要做出成绩，赢得属于自己的商业阵地，仅仅依靠自己是不行的。在借助微博提升粉丝数量的过程中，微商运营者同样需要与别人合作，借助别人的力量去达成自己的目标，逐渐让更多的粉丝认识自己，不断提升粉丝数量和销售业绩。

通过借力的方式吸引流量，在业内已经成为一种潮流。这是因为双方都能在合作中获得益处，实现共赢。对于微商运营者来说，选择与微博大V合作，是一条迅速提升粉丝数量的捷径。

人气旺盛的微博大V往往拥有数量庞大的粉丝和较高的信誉，他们发布或转发的微博通常会在粉丝群中迅速得到传播，在短时间内就能在微博平台上引发热议。所以，微商运营者如果想通过微博来获得更多的粉丝，那么可以充分利用与大V的合作，让大V帮忙宣传，从而在最短的时间内扩大自己的影响力。

一般来说，如果借助大V的力量实现引流，那么比较常用的合作模式有下面两种。

1. 免费合作模式

对于很多初入微商领域且资金不算充裕的运营者来说，通过免费的模式与大V达成合作，通常是他们的首要选择。因为在这种模式下，微商运营者不必担心资金方面有损失，操作起来也相对安全。但是，这种模式也有缺点，那就是大V的合作意愿有限，运营者并不是每次都能得到大V的回应的。

一般来说，比较常见的方法是在微博平台上关注一些相同领域的大V，并经常@他们。虽然不一定每次都能被大V转发，但是只要有一次，就能给大V的粉丝带来一定的影响，从而给微商运营者带来流量。

2. 付费合作模式

相对于免费合作模式，付费合作模式更加简单、直接，推广效果也更加显著。合作方法显而易见，就是微商运营者与大V达成某种协议，运营者付给大V一定的费用，请对方为自己发宣传微博。

虽然运营者需要付出一些金钱成本，但是粉丝的定位比较精准，粉丝的质量相对更高，在找到这样的粉丝群体之后，后续的发展和转化工作会相对轻松。

有一点需要注意的是，在让大V帮助宣传的过程中，不能直接发布硬广告。因为硬广告会让用户感觉不适，不但无法带动流量，反而会造成负面影响。

与大V的合作是一项双赢的活动，如果能够好好利用，则可以让粉丝数量实现裂变，最大化地获得收益。对于微商运营者来说，通过这种方式来玩转微博，是一种相对简单、高效的方法。

> **微商运营小贴士** ▶▶
>
> 无论选择免费合作模式还是付费合作模式，与大V合作的最终目标都是引流和涨粉，因此，粉丝数量越多的大V，越应该成为优先的选择。

加入微博群，持续运营获得粉丝

微博群是一个交流平台，它跟豆瓣小组相似，都是将具有相同爱好的人聚集在一起，为大家提供互相学习、沟通的机会。只不过，微博群的内容形式是群成员发布的一条条微博。

微博群的类型多种多样，如情感群、运动群、生活群等，每个玩微博的人基本都能根据自己的兴趣爱好找到适合自己的微博群，进而在其中找到兴趣相投的朋友。

微博群的用户数量很多，人气很旺，参与其中的用户活跃度也都很高。通常来说，加入微博群有以下几个好处。

（1）认识更多的人，获得更多的信息，扩大交际面。

（2）随时掌握行业动向，了解身边发生的事。

（3）与更多有相同爱好的人展开交流，针对性更强，专业性知识更多。

（4）提升曝光率，获得更多的关注。

所以说，在微博群中发布一些宣传信息，不仅能得到比较好的效果，还能增加粉丝数量。对于微商运营者来说，这是一个应该好好利用的平台。

当然，在数量繁多的微博群中，并不是每个微博群都适合微商运营者加入的，选择微博群也是有一定的标准的。

1. 成员数量多

一般来说，在转化率基本一致的情况下，基数越大，粉丝的转化量就越大。也就是说，微博群的成员数量越多，能够转化成粉丝的数量就越多。所以，微博群的成员数量要达到一定的标准（通常是1万以上），才有营销价值。

2. 用户活跃度高

值得微商运营者加入的微博群，不仅要有足够的成员数量，还要保持相对较高的用户活跃度。只有在活跃用户足够多的情况下，营销信息才能得到有效的传播。如果说成员数量是衡量微博群是否具有营销价值的标准，那么用户活跃度则是衡量微博群能否有效传播信息的标准。

3. 主题契合度高

微博群的主题一定要与营销目的有较高的契合度，只有这样，才能吸引微博群成员的目光，对营销活动才能产生正向的推动作用。如果微博群的主题与营销的产品、目的等毫无关联，那么微商运营者耗费再多的精力，也难以让群成员产生兴趣。

4. 话题关联性强

除了以上三个重要的衡量标准，如果微博群的话题与营销产品、目的有比较强的关联性，也就是说，通过微博群的话题可以延展到营销产品、目的上，那么微商运营者也可以考虑加入这个微博群。通过这种关联性，可以挖掘群成员的一些潜在需求，从而实现营销的目标。

对微博群的考量，需要遵循上述几个主要的标准。而在微博群中做推广，一般需要掌握以下几个技巧。

（1）不要每天在同一个时间段发布微博，以免引起其他群成员的警惕，被认为故意刷屏或做广告宣传，导致被踢出微博群。一旦如此，前期所做的努力都将付之东流，难以通过这一渠道实现持续引流。

（2）在微博群中多发布内容，最好是多提一些问题，而且以感性问题为佳。因为在现实生活中，很多人都希望通过回答别人的问题来证明自己的存在感。能吸引越多的回答，微博的曝光率就越高。

（3）进群的时候要有选择性，大号群应该是选择的重点，什么群都进反倒无法展开精准营销。在群里要保持活跃，积极帮助其他群成员解决问题，一旦赢得其他人的认可，那么受到的关注就会增多，在发表观点的时候也更容易被别人信任和接受。

微博群是一个用户数量巨大的社区，在这里，每个微博用户都能找到属于自己的"家"。从某种意义上来说，微博群是微博这个大圈子里的一些小圈子，为那些小圈子里的用户提供聚集、交流的平台。从小圈子的范围和区分来说，每个小圈子都是一个精准推广的阵地，能给微商运营者提供明确的营销群体和目标。

对微商运营者而言，加入微博群并在群中拥有一定的话语权，甚至成为意见领袖，将有利于影响群成员的决策，对实现引流有很大的促进作用。

微商运营小贴士 ▶▶

一般来说，一些对私密性比较看重的微博用户往往更愿意加入微博私密群。因为在私密群里，微博内容不会被群外的人搜索到，可以很好地保护个人信息。随着人们对私密性和个人信息的越发看重，私密群逐渐成为微商运营者关注的重点。

微博互粉，增加粉丝数量

在利用微博展开引流的过程中，微博账号的良好运营是实现引流的必然基础。试想，如果微博账号本身就没有几个粉丝，受人关注的程度也不高，那么即便发了一篇极为精彩的微博，也很难在这个平台上引起关注。没有流量，又如何实现引流呢？

所以说，在尝试从微博平台引流之前，首先要获得一定的流量。而且，粉丝数量越多，越容易吸引其他用户的关注。关于这一点，其实并不难理解。只要设身处地地想一下：一个粉丝数量为100万的微博账号和一个粉丝数量为2 000的微博账号同时关注你，你更愿意回关哪个账号？相信答案不言而喻，为了获得更大的关注度，关注拥有100万粉丝的那个账号，显然会有更大的回报。

也就是说，要想方设法地获得粉丝，让微博账号拥有较高的人气。人气越高、流量越大，成功实现引流的可能性就越大。

一些常用的引流方法，如加入微博群、搜索关键词等，都是运营者主动出击，对潜在粉丝给予关注或展开交流。至于能否真正吸引粉丝甚至实现引流，主动权往往掌握在粉丝手中。从既有的经验来看，这种单方面的关注，成功引流的概率并不是很高。

只有与粉丝互相加粉，才有可能迅速在微博平台上增加粉丝数量，并获得较好的推广效果。因此，微商运营者需要拓宽思路，不仅要主动加粉，也要让粉丝主动加自己（被动加粉）。从某种角度上来说，被动加粉比主动加粉的传播效果更好。因为微商运营者想在微博平台上成功实现引流，首先需要得到粉丝的关注和信任。粉丝愿意加粉，说明他们信任微商运营者，有主动沟通的意愿。在这样的前提下，微商运营者的引流目标自然会更加容易实现。

与粉丝能够互相加粉，对提升粉丝数量和引流的作用，相信很多微商运营者都有所了解，在运营过程中也有自己的经验和技巧。但是，对于一些细节，还需要多加关注。

1. 时段的掌控

与粉丝互粉并不是时时刻刻都适合进行的，因为在不同的时段，微博平台的在线用户会有所不同。尽量选择用户在线的时候去关注，往往可以在较短的时间内得到回应，成功互粉的可能性会相对高一些。

2．人数的限制

一旦每天互粉的人数超过300，微博平台就会采取一定的限制措施。所以说，在微博平台上互粉，要注意掌控粉丝数量。只有在遵守平台规定的前提下，才能更高效地互粉。

3．粉丝的筛选

那些只会做广告的粉丝，对微商运营者而言并没有什么宣传价值。定期对粉丝进行筛选，不再关注那些没有价值的粉丝，不仅能节省自己的资源，也能让其他粉丝免遭广告的打扰。这样可以提升账号的权威性，有助于吸引更多的粉丝。

通过微博互粉，可以在较短的时间内获得大量粉丝，而且这些粉丝具有很高的忠诚度。对他们展开引流，往往可以取得比较高的成功率，在后续的转化中也能看到相对较好的效果。

微商运营小贴士 ▶▶

想要成功在微博平台上用微商账号与人展开引流，前提是微博账号拥有足够数量的粉丝。通过互粉的方式增加粉丝数量，是经过实践检验的有效方法。

第九章

借用视频、直播工具，实现"零距离"吸粉

蹭热度，借热门视频吸引粉丝

在微商领域中，流量就意味着销量。只有实现高效引流，才能实现销量的剧增。然而，很多运营者只看到了微商运营的巨大利润，却没有搞懂如何才能引流。

在诸多引流渠道中，视频引流已经逐渐成为主流。那些较早使用视频营销的运营者都获得了大量利润。眼下越来越多的人尝试利用视频展开营销，以此来吸引更多的粉丝。在视频营销领域中，能做出成绩的人有很多，尽管方式方法不尽相同，但是在"蹭热度"这方面，几乎所有人都做过尝试。

一些刚刚涉足这一领域的微商运营者往往会有这样的疑问：做短视频要不要跟热点、蹭热度？这样做能产生什么推广效果？答案很简单，那就是要，一定要！因为热点是巨大的流量池，能蹭上热点，就意味着拥有了潜在的巨大能量，引流将会变得更轻松。

当然，也有些微商运营者对这种方式并不认可，觉得这是一种投机取巧的做法。从实际操作的角度上来说，这种方式应该算作一种捷径，而非投机取巧。

面对微商领域的巨大竞争，谁能先收获大量的粉丝，谁就能先一步获得可观的流量。这一点毋庸置疑。既然决定投身微商领域，那就要面对残酷的现实，接受竞争的规则。如果无法获得粉丝和流量，那么微商运营者最终只能面临失败的结局。

换言之，如果微商运营者想从微商运营中获得利润，就有必要从最简单的引流方式入手。而通过蹭热度来吸引粉丝，恰恰是运营者可以利用的便捷途径之一。

具体而言，可供运营者蹭热度的热点有很多，比较常见的有以下几种。

1. 社会热点

随着科技水平的提高和智能手机等设备的广泛应用，信息的传播速度变得越来越快，传播范围变得越来越广，很多社会热点视频在极短的时间内就会传遍世界各个角落。

以社会热点视频作为营销契机，在推广视频中展现微商运营者的感受和美好情感，往往可能打动观众，让观众在真实的感动中变成粉丝。

2. 明星热点

相对普通人而言，人们对明星的关注度明显更高。在明星的背后有数百万甚至数千万粉丝，明星的一举一动都会受到广泛的关注。在网络上，明星的各种视频也是屡见不鲜。

如果微商运营者能够制作出与明星相关的视频或邀请明星为自己录制视频，那么仅仅是明星带来的粉丝流量就非常可观。因此，抓住明星热点，借助明星效应进行推广和宣传，往往可能取得更好的效果。

3. 网红热点

伴随着视频和直播的兴起，许多网络素人在一夜之间就成为人们关注的对象。他们的出现为各个平台带来了巨大的流量，一些比较出名的网红甚至比某些明星更能带动流量。就市场的现状而言，网红就是商业价值的代表。一些专门带货的网红，每天的销售额是非常惊人的。

微商运营者如果能与网红合作，那就能依靠网红本身拥有的流量，为自己的微商账号做宣传，甚至可能将网红的流量吸引到自己的微商账号上，从而实现快速涨粉的目标。

借助一些有热度的视频来达到推广的目标，是视频营销活动不可或缺的组成部分。通过各种方法，将平台的流量吸引到自己的账号之下，也是一条增加粉丝数量的高效途径。至于其中的原因，其实非常简单，因为以蹭热度的方式来吸引粉丝，意味着微商运营者可以利用现有的资源和流量来获得粉丝，而将现有的流量引导过来，显然要比自己吸引粉丝、制造流量容易许多。

微商运营小贴士 ▶▶

想要高效引流，微商运营者一定要学会蹭热度。当然，仅仅蹭热度并不够，还要有独特性，只有这样才能夺人眼球、脱颖而出。

做好视频吸粉的五个关键步骤

随着各种视频App的不断涌现，以及各种App用户的不断增加，越来越多的微商运营者已经意识到，通过视频来吸引粉丝已然成为一种新的运营渠道，谁能在视频领域占有市场，谁就能更轻松地实现引流。

相较于以往的营销方式，视频营销更能吸引营销对象的眼球，而且比传统的方式更具灵活性和多样性。无论是展现形式还是信息传递，视频都更加占据优势。因此，通过视频来吸引粉丝，已经成为一种必须要做的运营尝试。

当然，通过视频吸粉，对大多数微商运营者来说还是新鲜事物，想要做好并不是那么简单的。但是，只要能按照以下步骤去做，相信很快就能看到效果。

1．收集公版视频

刚开始尝试通过视频来做微商运营的时候，难免有些找不到门道，对于很多方法、技巧等，运营者也都没有掌握。在这种情况下，可以收集大量公版视频。这类资源在网络上可以找到，并且不会涉及版权的费用等。将公版视频进行剪辑、加工之后，就可以形成新的视频。

2．模仿热门视频

网络上的视频数量非常多，寻找公版视频并非易事，而且有些公版视频并没有很多的观看量。因此，在运营一段时间之后，可以尝试自己拍摄一些视频。在没有很好的创意和构思时，运营者可以模仿热门视频进行拍摄。这样借鉴别人的创意，不但省时省力，还能得到比较好的推广效果，吸引大量的粉丝。

3. 拍摄原创视频

模仿别人的创意终究只是权宜之计，因为翻版的东西难免会让观众觉得寡淡无味。所以，微商运营者一定要坚持做原创视频，只有与众不同，才能体现出自己的别出心裁，并以此吸引观众的目光。而且，视频平台对原创视频有更多的青睐，各种资源也会对原创视频有所倾斜。

4. 持续输出视频

在微商领域中，运营者不计其数，他们拍摄的视频也在不断更新。想要持续赢得粉丝的关注，与粉丝建立紧密的关系，运营者就要持续拍摄出高质量的视频，以免自己的视频被数量众多的视频覆盖。通过一段时间的积累，微商运营者的粉丝数量会越来越多，名气也会越来越大。

5. 广泛传播视频

拍摄视频的目的是让它在圈子里传播，只有在更广泛的范围内不断地传播，才会有越来越多的粉丝看到视频。一旦有足够多的粉丝对视频产生关注并主动进行传播，就能快速实现引流。

借助视频吸引粉丝，是一项需要长期坚持的工作，任何试图一蹴而就的想法都是难以实现甚至是危险的。对于微商运营者来说，按部就班地做好视频和宣传，有计划、有步骤地做好各项工作，才是稳妥且有效的运营方式。

微商运营小贴士 ▶▶

利用视频实现引流，拍摄优质视频自然是基础工作。在具体操作的过程中，微商运营者要根据自己的实际情况和能力，来判断自己应该以何种方式拍摄视频。只有在符合自身定位的情况下，才能拍摄出性价比最高的视频。

制作微电影，为自主品牌造势

微电影在诞生之初，其主要作用就是推广和宣传。微电影是一些与电影类似但时长较短的营销作品。虽然随着时间的推移，微电影的定义和作用有所变化，但用微电影来推广产品的运营方式一直都有运营者在使用。

与一般的网络短片不同，微电影更加侧重商业化，它不仅能带给观众观看电影的感受，还能在作品中传递产品信息和推广目的等。在现在的市场上，有很多企业为自己的产品拍摄微电影去做宣传。从市场反馈来看，以微电影的方式展开运营，能够起到的效果其实是非常显著的。

就微电影的特点来说，主要体现在以下几个方面。

1. 投入成本低

相较于传统的营销渠道，借助微电影营销不需要投入大量的人力、物力来建设线下渠道，只要在线上与客户进行直接的接触，就能实现营销目标。

2. 互动性强

在传统营销方式中，运营者和客户之间的沟通是相对较少的，而且通常是运营者主动与客户沟通，互动性较弱。而通过微电影展开营销，一旦客户被微电影的情节、场景吸引，他们就会主动与运营者联系，大大增强了互动性。

3. 灵活性高

微电影的展现模式、拍摄方式及场地等都具有较高的灵活性，可以根据产品的不同而拍摄不同类型的微电影。与传统广告相比，它是一种更加新颖的宣传模式。

当然，并不是所有的微商运营者都可以采用这种宣传模式。对于那些拥有自主品牌的运营者来说，这种模式更具有实用价值。

毕竟，相对于代理别人的品牌，推广自己的品牌往往能给运营者带来更多的利益。在推广的过程中，运营者不仅能够通过销售来获得利润，还能让自己的品牌不断增值，为吸引更多的粉丝奠定了基础。可以说，通过微电影展开营销，是一个一举两得的运营方式。

以微电影的方式展示产品，比单纯的广告更容易让观众接受。而且，电影画面带来的冲击力和吸引力，更容易给观众留下深刻印象，有利于产品在观众之间传播，从而有效提升产品的曝光率，对实现引流也有很大的帮助。

微商运营小贴士 ▶▶

通过微电影为自主品牌造势，是很多运营者都在使用的运营方式。比较常见的广告植入方式有道具植入、台词植入、场景植入、音效植入、题材植入等。每种植入方式都有其特点和优势，运营者可以根据自身的情况选择合适的运营方式。

实现直播引流的四个技巧

在直播红利的影响下，越来越多的运营者和平台投身其中。不仅是专门进行直播的App，许多电商也开放直播通道，为运营者提供相关资源。很多微商运营者看到这一商机，纷纷开始直播，希望借此为自己积累人气，在吸引粉丝的同时尽力完成变现。

直播行业的门槛较低，投入也不需要很大，所以大多数微商运营者都可以尝试直播。可是，恰恰因为大多数人都能参与直播，这就使得直播平台人满为患，竞争者众多。想要从众多主播中脱颖而出，对任何人来说都非易事。

那么，如何在直播中成功引流呢？可以从以下几点着手进行。

1．树立良好形象

在直播过程中，主播的一举一动都会展现在观众面前，所以必须要有良好的形象。观众对主播产生的第一印象会对他们是否继续观看产生巨大的影响。

如果主播形象良好，着装得体，给观众带来较好的观看体验，那么观众往往愿意对主播予以持续关注。

2. 提升个人品位

一个人的品位如何，会在他的举手投足间有所体现。作为观众，一定希望购买符合自己品位的产品。高品位且性价比高的产品往往是观众的首选。作为主播，为了让观众觉得产品有品位，那就必须不断提升自己的品位，以个人品位去衬托产品的品位，以满足观众对品位的追求。

3. 拥有优点特长

任何一个能在网络上红起来的主播，一定都有自己的一技之长。无论是唱歌、跳舞，还是做饭、健身，总之肯定有一项能让观众眼前一亮的技能。能够吸引观众的眼球，才有可能将观众留在直播间，进而将他们转化成粉丝。

4. 精巧介绍直播

每场直播都应该有相应的主题，在直播之前，主播应该对此有非常清晰的认知。在介绍直播内容的时候，主播应该选择比较吸引人的方式，如有热度的话题等，在最短的时间内把观众的注意力吸引过来。

借助直播实现引流的前提条件之一是观众对直播产生兴趣，有持续关注直播和主播的意愿，这样才能持续吸引粉丝，一步步将粉丝吸引到微商账号上。对于微商运营者来说，直播的关键在于吸引并抓住观众的眼球。只有掌握相应的技巧，才能做好直播引流。

微商运营小贴士 ▶▶

微商运营者如果想要尝试直播引流，就有必要对直播平台的规则有所了解。只有在遵循平台规则的前提下，才有可能实现高效引流。

第十章
参与线下活动，精准激发粉丝关注

地面推广的优势和模式

说起地面推广这种传统的营销方式，很多营销者都有深刻的认识和感触。在网络并不发达的时代，地面推广是经营者销售产品的主要方式。但是，随着网络技术的迅猛发展，越来越多的推广活动开始从线下转移到线上，地面推广也逐渐走向没落。

对于一些新时代的微商运营者来说，地面推广是一种非常陌生的营销方式，甚至有些人认为地面推广已经没有存在的必要了。不可否认，在网络时代，各种网络营销模式大行其道，给运营者和客户都带来了极大的便利，但是这并不意味着地面推广就没有了存在的价值。

如今的网络时代，各种信息更新和传播的速度都很快，产品信息也比以往具有更高的透明度。在同质化产品泛滥的今天，多一条营销渠道，就多一分成功的可能。而且，作为一种存在时间长、受众人数多的营销模式，地面推广有以下几点优势。

1．接触性强

可以与粉丝近距离接触，能够更直接、准确地了解粉丝的需求。

2．信任感强

与粉丝面对面交流，给粉丝更多的真实感和安全感，粉丝更容易产生信任感。

3．成功性高

直接与粉丝沟通，粉丝碍于情面更难表示拒绝，对达成交易有益。

4．利于收集资料

在地面推广中可以实地收集相关资料，为改进营销策略提供有效参考。

5. 区域性强

地面推广具有较强的区域性特征，对本地引流和精准营销很有帮助。

要充分利用地面推广的优势，运营者一定要懂得合理选择推广地点。通常来说，越是人流量大的地方，越适合做地面推广。而就推广模式而言，通常分为以下两种。

1. 免费体验

在很多地面推广活动中，免费体验是运营者经常使用的一种模式。手机、按摩椅、沙发等，都是可以使用这一模式的产品。通过亲身体验，让粉丝对产品有所感知、产生认识，进而对产品产生比较真实的使用感受。在这个过程中，运营者还可以与粉丝进行面对面的交流，从而在第一时间得到粉丝的体验反馈，这对后续的销售工作有一定的指导意义。

2. 赠送礼品

给粉丝赠送礼品，是另一种增加人气的好方法。对于免费得到的礼品，粉丝往往不会拒绝。给粉丝赠送礼品，不仅能吸引他们，还可以拉近彼此之间的距离。当然，在选择礼品的时候，也要遵循一定的原则。

（1）成本不能太高，否则会给运营者带来很大的资金压力。

（2）具有吸引力，能吸引粉丝关注的目光。

（3）带有与产品相关的元素，在粉丝使用时可以传播产品信息。

（4）便于携带，方便粉丝领取之后可以随身携带。

做地面推广的目的是吸引粉丝和增加流量，无论是免费体验还是赠送礼品，都是为了达到目标而采取的必要措施。对于微商运营者来说，如何用产品吸引和说服粉丝，这才是做地面推广时最应该考虑的问题。

经过长时间的市场考验，事实证明地面推广具有它的独特优势，即便在网络时代，微商运营者也可以在适当的时候加以运用。通过线上、线下相结合，可以更加高效地实现引流。

> **微商运营小贴士** ▶▶
>
> 　　地面推广的可操作性和实用性都已经在实践中得到了证实，这种方式被应用于很多行业和领域。微商运营者在吸粉的过程中，应该尝试着合理利用这种方式。

扫描二维码，多种场景获取流量

　　如今，二维码已经十分常见，无论是购物付费还是参与投票活动，都能见到它的身影。甚至可以说，二维码已经成为人们生活中不可或缺的重要组成部分。

　　通过二维码展开推广，已经成为很多微商运营者比较常用的一种方式。尤其对于一些刚刚开始创业的微商运营者来说，通过让别人扫描二维码的方式来关注店铺，是一种性价比较高的选择。

　　在运营实践中不难发现，利用扫描二维码的方式，可以有效地获得流量。而比较常见的引流方法有以下几种。

　　1. 扫描传单上的二维码

　　微商运营者可以制作一些传单，在上面写一些关于产品和活动的信息，并在传单上印制二维码，然后在人流量比较大的地方发放传单。告知人们扫描传单上的二维码可以获得礼物或红包，你就可以获得一定的流量。

　　2. 扫描产品上的二维码

　　从某种角度上来说，产品是微商的最大资源。因为微商运营者做引流的最终目标就是销售产品，实现流量变现。在线下活动中，运营者可以直接将产品呈现在客户面前，如果在产品上印制二维码，就可以让产品发挥更大的作用和价值，从而吸引更多的粉丝。

3. 扫描衣服上的二维码

在运营过程中，一些微商运营者选择在衣服上印制二维码，这样不仅可以吸引大家的眼球，还便于有兴趣的人进行扫描。

除了上述几种比较常见的方法，我们还会看到有些微商运营者拿着自己的手机让人扫描二维码，有些微商运营者将二维码印在胳膊等处供人扫描。这些扫描二维码的方式都是生活中有人使用且比较吸人眼球的，对吸引流量有很大的帮助。

通过上述内容不难发现，以让人扫描二维码的方式来引流，表现形式比较灵活，可供使用的场合也比较广泛，对于大多数微商运营者来说都有学习和借鉴的价值。

微商运营小贴士 ▶▶

二维码随处可见，很多人几乎每天都会看到和使用。微商运营者可以给予人们一定的"诱惑"，如红包、礼品等，来吸引潜在粉丝扫描和关注，以便达到引流的目标。

参加俱乐部活动，有目标地进行引流

随着人们生活水平的不断提高，各种业余活动也越发丰富，很多具有相同志趣的人聚在一起形成了某种社群。这其中，俱乐部逐渐成为越来越多人的选择。之所以选择加入俱乐部，是因为人们不仅能在这里找到志趣相投的人，而且私密性相对较高。

参加俱乐部活动的人通常都有比较亲密的关系，彼此之间具有较高的信任度。这种融洽的关系是在长期交往的基础上逐渐建立起来的，相较于一般的交往关系更为稳固。对于微商运营者来说，如果能参与到俱乐部活动中，就有可能实现精准和大批量地引流。

当然，在参加俱乐部活动时，应该进行一些筛选，只有那些符合要求的俱乐部活动才是微商运营者予以考虑的对象。

一般来说，微商运营者需要对以下几个因素加以权衡。

（1）以自己的兴趣为出发点，选择与自己志趣相投的俱乐部活动，才能激发参与热情，避免浪费时间和精力，有效提升引流的整体效率。

（2）寻找自己的特长，发现自己的优势，选择能够发挥自己特长和优势的俱乐部并加入，这样能够更快地展现个人魅力，成为其他人关注的焦点。

（3）加入俱乐部的最终目标是完成引流，实现销售目标，所以要选择那些与自己经营的产品相匹配的俱乐部并加入，才能实现更加精准的引流。

微商运营者加入俱乐部的终极目标是要从中挖掘潜在的粉丝和客户，要做到这一点，对上面几个因素一定要进行综合考量。另外，在参加俱乐部的线下活动时，也可以运用一些小技巧，以实现引流。

1. 妙用二维码

在很多场合中都可以见到二维码，它的作用无须赘言。微商运营者在参加俱乐部的线下活动时，可以在签到处放置店铺的二维码，便于俱乐部的其他成员扫描添加。用这种方法增加流量，效果十分显著。

2. 提供产品赞助

每次俱乐部活动都需要一些物资上的支持。微商运营者可以免费提供一些带有微信号等联系方式的产品，作为纪念品发放给活动参与者。用产品赞助俱乐部活动，不仅可以提升参与者对自己的好感，也在无形中进行了广泛的传播。

相对而言，参加俱乐部活动需要更多的资金投入及更丰富的相关知识，这些对微商运营者都是比较高的要求和挑战。想要通过这一途径增加粉丝数量，微商运营者需要做好更多的准备工作。

微商运营小贴士 ▶▶

　　通常来说，同一个俱乐部的成员在审美、追求等方面都有比较接近的观点，而且他们通常有比较良好的关系。微商运营者如果能抓住大多数人的公共点展开营销，那么运营活动将事半功倍。

联系快递员，引流网购人群

　　如今，网购已经成为一种新的生活方式。越来越多的人在网络上购物，快递行业也获得了迅猛发展。

　　随着快递业务的逐渐增多，越来越多的人成为快递大军中的一员，每天为网购的人们配送商品。可以说，快递员是人们网购过程中不可或缺的重要组成部分。他们每天都和形形色色的消费者打交道，在配送商品的同时，和大量的消费者建立起密切的联系。

　　对于微商运营者来说，经常网购的群体是首先应该考虑的引流对象。原因很简单，他们已经习惯于在网络上消费，对微商账号基本不会有抵触情绪，只要稍加引导，就有可能将他们变成自己的客户。而与网购群体有着紧密联系的快递员，显然是为微商运营者和消费者构建沟通桥梁的重要选择之一。如果能与快递员实现合作，那么线下的推广活动将会变得更加轻松。

　　与快递员合作进行引流，有两个比较大的优势。

1. 接触面广

　　快递员每天要为数以百计的消费者递送商品。在长年累月的工作中，他们接触到的消费者群体是十分庞大的。这些消费者形成的巨大流量池，对于微商运营者来说是非常宝贵的资源。如果能够有效引导，将会有很大的利用空间和价值。

2. 有利于精准引流

快递行业有一个特点，就是分区域配送。在某些特定的区域，如学校附近、写字楼周边、餐饮聚集区等，消费者的特点和需求往往具有相似性。针对这些相对固定的消费群体，微商运营者可以展开精准营销。

相较于其他线下推广方式，与快递员合作的一个明显优势是可以确保消费者能接收到微商运营者想要传递的信息。比如，在很多商品的包装盒上，我们可以看到一些广告。无论消费者对这些广告的接受程度如何，广告信息已经切切实实地传递给了消费者。

对于微商运营者来说，选择与快递员合作，必须考虑消费群体的定位和推广区域的选择。在选定群体和区域之后，再去寻找该区域的快递员负责人，与其商定合作事宜，以便更高效地完成推广和宣传。

微商运营小贴士 ▶▶

快递员与网购人群有着频繁的接触，对网购群体的需求也有一定程度的了解。与快递员合作，能够最迅速地与网购群体产生联系，将推广信息精确地推送给潜在的粉丝和客户。

第三篇

公众号

在微商运营领域中，公众号运营是其重要的组成部分。很多运营者之所以将公众号当作微商运营的第一选择，是因为运营者不仅可以收获数以百万计的粉丝，而且操作非常简单。尽管市场竞争相当激烈，但用对方法，从竞争中脱颖而出并不难。

第十一章

账号设置是成功运营的第一步

设置菜单列表，为用户提供便捷服务

用户在使用公众号的过程中，难免会遇到一些问题，需要运营者给予解答或提供服务。这时候，公众号的菜单列表将会发挥巨大的作用。

公众号的菜单列表相当于自动服务系统，对于一些常见问题和服务，用户在这里就能找到答案和获得帮助。对于运营者来说，做好菜单列表，将会节约人力和精力，对运营工作产生良好的促进作用。

菜单列表里的项目，有些可以直接为用户提供服务，有些则是为用户提供服务的入口和通道。无论哪种连接方式，它的目的都是为用户提供便捷服务，所以运营者不能根据自己的喜好进行设置，而要根据用户的实际需求进行设置。

按照用户的需求进行分类，菜单列表里的内容基本可以划分为以下几类。

1. 公众号内容

公众号内容是公众号的核心，用户对这方面的内容有比较大的需求，所以在菜单列表中一定要有所体现。在这部分，运营者可以介绍与公众号相关的内容，如文章、精选等，以便让用户对公众号产生更全面的认识。

2. 用户服务

从本质上来说，做公众号就是为用户提供服务的。为用户提供的服务越优质，用户的满意度就越高，公众号的运营就越顺畅。用户服务功能可以为用户解答疑惑，也可以介绍公众号能为用户提供何种服务。当用户遇到服务方面的问题时，可以从这里找到答案。

3．联系方式

公众号一旦开始运营，就会被很多人看到，这些人中不仅有用户，还有想要展开合作的人。无论是哪种类型的人，他们都需要运营者的联系方式，才能展开进一步的沟通。在这部分，运营者可以告诉用户进行商务合作、招聘、转载授权等活动的联系方式。

4．流量变现

公众号变现的方式有很多种，如广告、电商、内容付费等，都是可以使用的方式。菜单列表，可以根据变现方式的不同而做出相应的设置。用户可以找到实现流量变现的方法和技巧，也可以与公众号运营者达成合作。

5．其他内容

除了上述几种菜单内容，运营者也可以根据公众号的实际情况，灵活地设置一些菜单。这样能够体现运营者的独特性，对用户产生更大的吸引力。

一般来说，公众号的菜单列表主要分为上述五大类型，但是这些类型通常不需要在一个公众号中全部呈现出来，只要设置的菜单列表能给用户提供适合他们需要的服务，能够满足他们的需求，公众号就能吸引用户。

微商运营小贴士 ▶▶

> 运营者设置的菜单列表，形式不需要过于花哨，实用才是它的核心价值。只有着重为用户解决问题，并定期优化菜单列表和更新内容，才能持续受到用户的关注。

取一个吸睛的好名字

名字是一个人或一个物品的代称，在某种意义上代表着人或物本身。有时，它不仅是一个称谓，更是一个标志。所谓名正言顺，名字起好了，后面做起事情来才觉得顺手。无论是人名还是物名，道理都是一样的。

做公众号运营，同样也是如此。公众号不仅要负担起宣传的任务，还是与用户和粉丝联络的"阵地"，所以起名字要谨慎而为。如果能起一个吸睛的好名字，就更容易吸引用户的目光，促使公众号更快地传播。

一个好名字对公众号带来的影响有以下几个。

1. 认知成本降低

好名字的衡量标准之一就是通俗易懂，让用户一眼就能看出公众号主要做哪方面的内容，运营者无须向用户解释就能让用户明白。

2. 传播成本降低

一个好名字通常是朗朗上口、便于记忆的，具有这样特点的名字显然更容易被传播出去，传播效率也更高，运营者可以节省很多传播、推广费用。

3. 占领用户心智

好的公众号名字往往可以体现公众号的主要内容，用户一旦看到名字，就会产生一些联想，甚至被公众号深深吸引。也就是说，好的名字可以对用户的心理状态产生影响。

公众号起名是一门学问，如果名字起得好，不仅能节约大量的推广时间和精力，还能自带流量，为公众号引流。

通常来说，公众号起名有以下几个技巧可以运用。

1. 描述场景

能够描述具体场景的名字更有代入感，更容易打动人心，会对用户产生更大的吸引力。而且，这类名字更具表现力，对增强公众号的影响力有极大的帮助。

2. 强调功能

公众号所具有的功能性是吸引很多用户的重要因素之一。强调功能可以让用户在第一时间知晓公众号究竟是做什么的、能为用户带来什么，有利于精准吸引用户。

3. 融入行业词汇

公众号的名字是用户首先能看到的公众号的组成部分，通过名字就可以对公众号有一个大致的了解。将自己所在行业的信息融入名字中，可以明确定位，吸引那些对该行业有兴趣的用户走进来。

4. 展示品牌

做公众号运营的最终目标是销售产品、获得利益。在公众号名字中展示品牌，可以传播品牌文化、格调、定位等，让用户更深层地了解品牌和产品，从而吸引用户。

5. 简短、接地气

公众号的名字要言简意赅、通俗易懂，一个简短好记、大家熟知的名字，才有利于用户记忆和传播，才能提高传播效率。

6. 直接使用运营方的名字

对于企业来说，企业名字也是一种资产和影响力。一些知名度比较大的企业把企业名字当作公众号的名字，就是想借用企业已有的影响力为公众号带来流量。

公众号的名字就像人的名字一样重要，因为它是用户最先接触到的信息。如果用户对公众号的第一印象不错，那么他们就有可能进入公众号；如果用户看到公众号的名字就觉得反感，那么他们通常不会进入公众号。所以说，公众号的名字至关重要，运营者应该在这方面投入更多的精力。

微商运营小贴士 ▶▶

公众号的名字影响着用户对公众号会产生怎样的第一印象。想要吸引用户，公众号的名字需要包含内容方向、品牌信息等，展示出的有效信息越多，越能让用户对公众号产生更多的认识。

设置自动回复，与用户高效互动

如今，随着微信公众号的普及，通过公众号运营来吸引流量已经成为一种十分常见的营销方式。由于越来越多的人开始通过公众号购买产品，所以公众号的后台活动也变得更加活跃。其中，公众号的自动回复功能促使运营者和用户之间建立起更便捷的沟通渠道，双方的互动变得更加高效。

当然，随着公众号营销领域的竞争越来越激烈，那些无法满足用户需求的自动回复逐渐被市场淘汰。这是因为用户关注的公众号可能有很多，如果每天都收到相似的自动回复，像复制粘贴一样，难免会产生疲劳感。

所以说，如果运营者想利用自动回复这一功能来吸引流量，在设置自动回复的内容时一定要注意以下几点。

1. 言简意赅

从用户的角度出发，如果回复过长，那么用户可能会失去阅读的兴趣。为了避免这种情况，回复一定要言简意赅。

2. 完整传递信息

运营者要追求言简意赅的回复，但也要完整地将信息传递给用户，这样才能让用户对公众号有更多的了解。

3. 具有创新性

公众号的自动回复通常具有同质化严重的缺点，具有创新性的回复才能给用户留下更深刻的印象。

设置自动回复的终极目标是希望通过与用户形成良好的互动，来提升用户的停留时间。毕竟，用户与运营者之间的互动越多，关系就越亲密，双方的沟通就会变得越顺畅。通过这种积极的互动，用户会对公众号有更多的了解，对运营者也会产生更好的印象，这样一来，用户的黏性也会不断增强，为公众号的持续运营带来流量支撑。

微信公众号的后台信息自动回复不仅是与用户互动的工具，也可以当作一种宣传公众号的方式。设置自动回复的目的终究是为用户服务。任何时候，运营者都应该将用户的需求放在中心位置。自动回复是运营者与用户互动的良机，运营者可以结合公众号的风格，创作出让用户满意的自动回复文案。

微商运营小贴士 ▶▶

自动回复的出现提升了运营者的回复效率，给用户带来了较好的使用体验。运营者可以尝试通过这种方式，引导用户更多地参与到互动中，从而提升公众号的人气和流量。

设计头像，有特色才有记忆点

一般来说，商标是一个品牌具有营销影响力的重要表现。所以很多品牌在设计商标的过程中，通常会希望自己的商标具有辨识度高、简单易记等特点。

公众号作为运营者的一个产品，想要成为一个令人信任的品牌，运营者自然也要花费时间和精力去打造商标，而公众号的头像其实就相当于公众号品牌的商标。

那么，一个好的公众号头像应该符合哪些设计标准呢？

1. 与公众号名字有所关联

公众号的头像和名字都是公众号的重要组成部分，对推广公众号有着十分重要的作用。两者相辅相成，同属公众号这一系统。两者之间的关联越紧密，越能产生聚焦效果，让用户对公众号产生关注，而且有助于用户知道公众号主要在做哪方面的内容。

2. 追求简洁的风格

在如今这个时代，人们的时间非常有限，碎片化的生活和消费习惯已经司空见惯。在运营公众号的过程中，也要考虑到这一点。追求简洁的设计风格，有利于用户对公众号头像产生深刻的印象。

3. 使用清晰的图片

图片的清晰程度对用户的观感和使用体验有着极大的影响。越清晰的图片，越能给用户带来良好的体验。因此，运营者要尽量使用清晰的图片，这样不仅能吸引用户，还能体现运营者的重视程度。

4. 颜色要鲜明亮眼

鲜明亮眼的颜色更能刺激用户的视觉神经，吸引他们的目光，并给他们留下深刻的印象。但是，头像使用的颜色不宜过多，否则会给用户带来杂乱感。

公众号头像的设计是运营公众号中的一项重要工作，它对运营者的设计和规划能力都有一定的要求。一个好的头像不仅要体现公众号的运营内容，还要吸引用户的目光，而且要与公众号的名字密切相关。只有充分考虑各方面的因素，才能在设计中迸发出灵感，产生令用户认可的优秀方案。

微商运营小贴士 ▶▶

公众号头像的设计与很多因素都有所关联。所以，在设计之前，运营者需要充分考虑各种因素，这样才能找到最佳的设计方案。

第十二章
图文创作，有内容的产品才能引爆流量

做好选题规划，方向对内容才对

撰写公众号文章，对大部分人来说都是一项非常头疼的工作。其中的原因并不仅仅是内容创作方面，更重要的是选题难以确定。

选题是文章的导向和核心，在确定选题之后才能确定文章内容的创作方向。而且，在激烈的市场竞争中，可供选择的选题非常有限，想找到一个好的选题并不那么容易。各种因素综合起来的结果就是选题的策划正变得越来越难。

对于运营者来说，想要创作优质的图文，用内容来吸引用户，就要掌握一些策划选题的技巧。

1. 定位关键词

每个公众号都有相对聚焦的行业或领域，定位关键词就是寻找最适合公众号运营的细分市场。在定位关键词的过程中，运营者可以更好地熟悉、了解行业，为以后策划选题积累素材。

2. 挖掘用户的需求和痛点

公众号文章是给用户阅读的，只有能引发用户兴趣的文章，才会受到用户的欢迎。个人的需求和痛点恰恰是用户关注的重点所在，从这个角度策划出来的选题往往都有一定的市场。甚至可以说，挖掘用户的需求和痛点是公众号运营者策划选题的航向标。

3. 紧跟热点和爆款

社会热点和爆款文章都是用户关注的焦点，有关注就意味着有流量。紧跟热点和爆款，不仅能轻松找到选题方向，还能顺带蹭到一些流量，可谓一举两得。

4. 跟着同行的脚步

在公众号领域中，同行之间的竞争十分激烈，一不小心就可能被同行超越。对于运营者来说，竞争不仅带来了危机，也带来了机会。由于同行业中的用户群体相似，产品定位也差不多，所以参照同行的选题去撰写自己的选题，是一条比较便捷的创作思路。

5. 召开选题会

一个人的力量毕竟有限，思路难免受限。当策划选题遇到困难时，可以召开选题会，大家集思广益，往往更容易找到灵感，想出好的选题。

选题的好坏决定着公众号文章的最终命运。选题策划成功，文章就会受到用户的青睐，带来巨大的流量；选题策划失败，文章则会被湮没在数以万计的文章之中，难以对用户产生影响。因此，微商运营者想要借助公众号文章实现引流，首先要做的就是做好选题规划，为创作文章找到正确的方向。

微商运营小贴士 ▶▶

做选题规划，最忌讳的就是剽窃。即便是蹭热度，也不能完全照搬。在选题中要有自己的思路和想法，尽量创新才是公众号文章的生存之道。

六种常见形式，展现正文吸引力

一篇公众号文章的质量主要取决于它的正文撰写水平。毕竟，无论采取什么推广策略和途径，平台用户只有通过阅读文章才能得到相关信息。

正文是运营者传播信息的主要载体，也是吸引粉丝的重要武器。运营者在撰写文章时，编辑内容的形式多种多样，而且每种形式都有自己的特点。运营者想要写好文章的正文，需要对每种形式的特点有所了解，从而让公众号更有吸引力。

通常来说，微商运营者可以借鉴的写作形式有以下几种。

1. 纯文字式

所谓纯文字式，就是公众号文章全部由文字撰写而成。在实际运营中，这种形式运用得并不多，因为它的表现形式相对枯燥，很可能会引起用户的反感。

2. 图片式

所谓图片式，指的是公众号文章的内容全部用图片来表示，没有文字或者文字已经包含在图片里。这种形式相对新颖，能给用户带来更直观的阅读感受。

3. 图文结合式

所谓图文结合式，指的是公众号文章的内容中既有文字又有图片，两者相辅相成，共同向用户呈现一篇优美的文章。这种形式同时兼顾了文字和图片，能给用户更好的阅读体验。

4. 语音式

所谓语音式，指的是公众号运营者将自己的想法或想要传递的信息以语音的形式展现出来。这种形式有利于与用户形成互动，可以更好地拉近彼此的关系，让用户产生亲切感。

5. 视频式

所谓视频式，指的是公众号运营者将自己的想法或想要传递的信息以视频的形式展现出来。这种形式具有较强的即时感，更能吸引用户的眼球。

6. 混合式

所谓混合式，指的是公众号运营者将上述写作形式中的几种混搭在一起，以更丰富的手段向用户传递信息。这种形式融合了各种写作形式的优点，能给用户极致的阅读体验。

撰写微信公众号文章，正文部分是重中之重。使用哪种写作形式，取决于微商运营者想要达成的目标以及文章的撰写风格。对于微商运营者来说，只有写好正文才能吸引用户完成阅读，进而吸引用户成为公众号的粉丝。

微商运营小贴士 ▶▶ —————————————

　　公众号文章的正文写作形式有很多种，每种形式都具有自己的特点。微商运营者要对这些形式有深刻的认识，以便在需要运用的时候可以信手拈来。

创作热点文章，策划思路不可忽视

　　如今，公众号平台的竞争越来越激烈，越来越多的运营者开始在这个平台上进行营销，希望实现引流，最终获得利润。众多运营者选择公众号作为推广平台，说明这个平台的确有引流优势。但是，对于运营者来说，想要从众多竞争者中脱颖而出，就不得不花费更多的时间和精力，尝试创作出与众不同的文章。

　　在运营实践中不难发现，用户的关注度对文章的传播有着巨大的影响力。用户关注度越高，文章热度就越高，而高热度的文章又能为公众号带来更多的流量。可以说，创作热点文章是很多运营者共同的追求。

　　只不过，热点文章的创作并非易事，需要掌握一些策划思路和技巧。下面介绍一些策划文章的思路。

　　1. 表态式

　　要求运营者以热点为基础，独立地阐述自己对热点事件或领域的观点和态度，并寻找足够的论据来佐证自己的观点。运营者不仅要表达观点和态度，更要确保其准确性和理论性。

　　2. 评论式

　　要求运营者对热点展开相关评论，这些评论需要兼顾各方意见，以免用户对自己的倾向产生不满情绪。而且，运营者不能轻易下结论，这样在热点变化时才有回旋的余地。

3. 分析式

要求运营者对热点有比较深刻的认识，甚至是在深入研究之后形成了自己的一套理论，以便可以从专业的角度来分析热点产生的前因后果，引领用户参与到对热点的探究之中。

4. 总结式

要求运营者能够围绕热点的相关属性，集中梳理、总结同类型的信息，只要能将信息总结到位，形成一个完整、合理的信息体系，用户就能从中得到想要的信息。

5. 谋划式

要求运营者将自己想象成热点当事方的参谋人员，主要为热点中出现的问题出谋划策。这种写法的关注点在于寻找合理、有效的解决办法，需要提供建设性的内容。

6. 图文式

要求运营者对热点有较深刻的认识，可以将热点内容及其相关信息从文字转化为图片，最终以图文结合的方式来介绍热点。这种方式相对活泼、轻松，更能吸引用户。

7. 延展式

要求运营者对热点有比较强的洞察力，可以在描述热点的基础上向外延展，为用户提供更多的信息，激发用户产生某种共鸣。用户可以额外获得更多的信息和知识，自然对此十分欢迎。

8. 戏谑式

要求运营者能从幽默的角度去解读热点，在笑声中向用户传递与热点相关的信息。在撰写这类文章时，可以配置一些搞笑的图片，以增强文章的可读性，得到更多用户关注。

创作热点文章，不仅能吸引用户关注的目光，获得更多的流量，还可以向用户传递与热点相关的信息，帮助用户在自己的朋友圈中获得较高的认可度和优越感。

对于微商运营者来说，这是一条拉近彼此关系的优质途径，对公众号的长期运营有很大的帮助。

> **微商运营小贴士** ▶▶
>
> 在创作热点文章之前，策划思路的选择至关重要。只有思路选对了，创作方向才不会走偏，才能提供用户需要的内容，满足用户的各种需求。

内容为王，七大技巧决胜图文创作

在创作公众号文章的过程中，内容的重要性不言而喻。如果想通过文章吸引更多的平台用户，收获更多的阅读量，进而为公众号实现更高效的引流，那么掌握一定的创作技巧是非常必要的。

通常来说，运营者需要掌握的技巧有以下几个。

1. 关注语言风格

运营者要根据行业的特点及用户的需求，采取符合定位的语言风格，这样才能给平台的粉丝带来优质的阅读体验，持续增强用户黏性。

2. 封面尽量精美

封面是公众号文章的重要组成部分，一个精美的封面会对粉丝产生更大的吸引力，让粉丝产生继续阅读下去的欲望。而且，图片不仅要精美，还要注意尺寸的限制。

3. 主题吸引用户

每篇公众号文章都有相应的主题，主题只有能够抓住用户的眼球，才能吸引他们阅读。以用户的需求为出发点，设置他们关注的主题，才能从众多文章中脱颖而出。

4. 摘要展现价值

在撰写公众号文章的过程中，常常需要撰写文章摘要，这是非常重要的工作。在摘要中展现文章的主要内容和价值，能让用户以最快的速度了解文章，并激发阅读兴趣。

5. 学会植入广告

运营者撰写和传播公众号文章的最终目标是要做好营销，最终实现流量变现。在公众号文章中植入广告，可以实现引流，运营者应该学会这一技巧。

6. 主动向用户求赞

在一篇公众号文章的构成中，内容占据重要位置，很多运营者认为只要文章的内容足够优质，就能得到用户点赞。实际上，运营者可以在文章末尾处加入相关内容，主动向用户求赞。

7. 避开创作禁忌

在创作公众号文章的过程中，有一些不得不防的禁忌，如内容陈旧、硬推广告、推送频率过高等。一旦触犯这些禁忌，很可能让用户产生反感。

在创作公众号文章的过程中，运营者需要关注各个方面的影响因素。在内容创作上，运营者需要掌握一定的技巧，这样不仅会让创作过程变得简单，还会吸引更多的用户，带来更多的流量。

微商运营小贴士 ▶▶

创作公众号文章，运营者需要在内容方面花费更多的时间和精力，以内容制胜，靠内容吸引用户，这才是创作文章的根基所在。

第十三章

精美版式设计，给用户极致阅读体验

封面图是提升打开率的关键节点

一个公众号的受欢迎程度，从公众号的打开率和文章的转发率上就可以看出一些端倪。公众号的打开率是一个很重要的数据。试想，如果打开公众号的人很少，那么转发率又怎么会高呢？因此，微商运营者需要在提升打开率方面多做思考，找到解决问题的办法。

文章的打开率和标题、头像、摘要、封面图等有着密切的关系。其中，封面图的重要性不容小觑。如今，许多公众号的创作者都喜欢随意从网络上找几张漂亮的图片，从中挑选出合适的当作封面图。但是，优质的封面图并不是这样选出来的。

经过总结，选择封面图的技巧有以下几个。

1. 封面图要与标题有紧密联系

封面图和标题一样，能够起到表达主题、传递信息的作用。两者都是公众号的重要组成部分，因此一定要具有很强的关联性甚至一致性。而且，这种关联性应该是一看便知的。如果用户需要在思考之后才能看出两者的关联，那么他们通常会失去阅读的兴趣。

2. 优先选择有人物元素的图片

在一般情况下，含有人物元素的图片应该是封面图的首选。因为人具有丰富、细腻的情感，可以表达多种情绪，用户可以直接从人物的表情、动作等方面来领会创作者想要传达的信息。

3. 尽量使用有具体场景的照片

带有具体场景的图片，实际上就是将用户带入了某种场景，通过这个场景向用户描述一个故事，进而让用户产生某种共鸣。通常来说，热点类的公众号文章会使用有具体场景的图片作为封面图，这样可以增加现场感和真实性，有助于激起用户的阅读兴趣。

4. 图片要能传达观点、情感

无论是哪种类型的封面图，都要能够传达创作者的观点、情感等。让图片灵动起来，用户在看到图片时就会感受到创作者的意图。一旦引发共鸣，他们就会选择点开阅读。

对于微商运营者来说，封面图不仅是公众号的脸面，也是个人品位的象征。封面图的好坏决定着公众号会给用户留下怎样的第一印象。从这个角度上来说，选择优质的封面图是提升打开率的关键因素之一。

微商运营小贴士 ▶▶

封面图可以在第一时间传达文章的中心思想，体现公众号的品位和格调。一张好的封面图所传达的信息有时比文字更丰富。

设置文字格式，让版式丰富起来

在大部分情况下，文字是公众号文章的基本载体。一篇文章给用户带来的阅读体验，在很大程度上源自文字带给他们的视觉感受。

用户点开一篇文章之后，如果觉得字数很多，阅读起来很费劲，他们就有可能放弃阅读；如果感觉字数不多，阅读起来很轻松，他们往往更愿意阅读下去。那么，如何才能让用户感觉字数不多呢？

这时，对文字进行视觉设计，就是一个非常有效的方法。通过巧妙的文字格式的设置，可以淡化用户对字数的印象，让文章的字数看起来不多。

在实际操作中，比较常用的技巧有以下几个。

1. 划分板块

在碎片化阅读的时代，篇幅过长的文章会给用户带来比较大的阅读压力。创作者如果能将整篇文章划分为几个板块，每个板块的字数就会少很多。这些板块都为文章主题服务，但又都是相对独立的部分，用户阅读起来会相对轻松，得到的阅读体验会更好。

2. 合理分段

很多公众号文章的创作者都会犯一个错误，那就是分段不够合理，尤其对于新手来说，这个错误更是十分常见的。之所以出现这样的错误，是因为创作者没有注意到手机屏幕在显示文字方面受到了一定的限制。如果一段文字无法在屏幕上全部显示，那么用户的阅读体验将会十分糟糕。

3. 字体、字号规范

经常在公众号上阅读文章的用户通常已经适应了公众号平台默认的字体，创作者不要轻易对字体做出改变，否则会给用户带来不适感。而在字号方面，创作者需要考虑大多数人的阅读习惯，所以适合大多数人的字号是最佳的选择。

4. 遵循配色原则

在一篇公众号文章中，文字的配色原则是简约美观，最好不超过三种颜色。常见且舒服的配色方案一般是：黑色+灰色+品牌色。所谓品牌色，就是在文章中固定使用，已经具有品牌象征意义的颜色，这个颜色由文章创作者自己决定。具体来说，正文用黑色，注释部分用灰色，需要作为重点加以突出的部分用品牌色。

5. 撰写摘要

摘要是公众号文章的重要组成部分，但是由于它是选填项目，所以很多创作者对它并不是非常重视。如果创作者自己不填写，那么系统就会默认自动抓取。这样一来，摘要部分展示的信息就会显得过于粗陋，会让用户对公众号的质量产生怀疑。

6. 重视标题

标题能够反映文章的中心内容，创作者应该予以重视。标题要力求简洁、吸睛，字数不宜过多，标点不能随意乱用，还要兼顾版式设计的美观。

一篇公众号文章的版式设计，包括字体、字号、配色、标题，甚至标点符号，都会对文章最终呈现的效果产生影响。运营者需要全面考虑各种影响因素，用版式让文字变得灵动起来，激发用户的阅读兴趣。

微商运营小贴士 ▶▶

在公众号文章中，着重突出的重点部分不能太多，只要选择几个最具代表性的、能直接反映主题的内容就可以了，否则会让用户觉得文章凌乱，没有重点。

添加小标题，为文章锦上添花

随着公众号运营者的不断增加，各种公众号文章充斥在人们的生活中。在数量繁多的文章中，能够吸引用户的往往只是少数。而且，随着公众号运营的迅猛发展，用户开始对公众号文章产生越来越多的期待。

如今，想在公众号平台上吸引粉丝，已经不像以前那么简单了。这就要求创作者不断提升自己的创作能力，在写出好内容的同时，也要在版式设计上探寻更多的技巧。

关于版式设计方面的技巧，很多运营者和创作者都有所掌握，为文章添加小标题就是其中的一项。那么，小标题的重要性体现在哪里呢？

1. 增强文章的逻辑性

很多创作者在编写公众号文章时都有一种错误的心态，那就是觉得在碎片化阅读的时代，文章的逻辑性已经不再重要了，很多用户需要的只是信息，只要能给他们一个引发共鸣的点，就能满足他们的需求。实际上，这是一个误区。正是因为碎片化的信息太多，用户才需要一个完整的、有逻辑的信息体系。通过添加小标题的方式，正好可以满足用户的这一需求，让用户可以有条理地阅读文章。

2. 提升文章的读完率

小标题是从文章中提炼出来的精华，能够直接向用户传达相关信息。一篇没有小标题的文章会让用户觉得凌乱不堪，阅读起来非常吃力；而有小标题的文章则整理出了逻辑清晰的重要信息，阅读起来很轻松，读完率自然会高很多。

3. 有助于用户理解内容

小标题是根据文章内容提炼出来的，是内容的浓缩版，用户只需要浏览小标题，就能大致了解整篇文章的内容。在用户阅读的过程中，小标题也能为用户提供指引，帮助用户更好地理解文章。

4. 降低用户的阅读压力

相较于长篇大论，用户通常更喜欢短小精练的文章，因为后者更符合用户当下的阅读需求。在时间有限的情况下，如果选择阅读篇幅较长的文章，用户的阅读压力就会比较大，很难获得良好的阅读体验。小标题的出现，则让用户拥有了更轻松的阅读心境。

在创作公众号文章的过程中，不仅要传达信息、阐明观点，还要从用户的角度去思考什么样的版式设计能给用户带来最好的阅读体验，凡是能让用户感觉舒服的版式设计，都值得运营者去尝试。为文章添加小标题，不仅能为精彩的文章锦上添花，还能帮助用户提升阅读效率。从运营推广的角度来说，这种版式设计是能够创造价值的。

微商运营小贴士 ▸▸

为文章设置小标题，将文章划分为几个板块，当用户阅读完一部分之后，可以适当停顿和思考。也就是说，小标题能够起到控制阅读节奏的作用，不会让用户产生沉重的阅读压力。

适当留白，内容呈现更生动

在为公众号文章做版式设计时，有一项原则十分重要，那就是排版不能过满，在某些位置应该适当留白。合理的留白可以让文章内容更加生动、条理更加清晰、版式更加优美、重点更加突出，从而全面提升用户的阅读体验。

然而，对于很多创作者来说，为文章留白并非易事，由于掌握不好留白的技巧，导致许多优美的文章难以展现吸引力。

一般来说，在版式设计中，留白的技巧有以下几个。

1. 段首不留白

从呈现效果来看，手机屏幕与传统媒体有着很大的区别。受限于手机屏幕的显示空间，在为公众号文章设计留白时，段首不必空两格。

2. 字间距不调整

尽管公众号后台可以调整字间距，但是在做版式设计时最好不要随意调整。使用系统默认的字间距，用户会更加熟悉，阅读体验也会更好。

3. 行间距不改变

在一般情况下，行间距可以像字间距一样，使用系统默认的数据。只有在设计需要重点突出的内容时，才需要适当增加行间距。

4. 两侧适当留白

在文章主体的两侧适当留白，可以在一定程度上减轻用户的阅读压力，从而提高用户的阅读效率。但是，留白不能太多，因为过多的空白会让版式显得空洞。

5. 小标题加大留白

通常来说，为了凸显小标题，小标题上下的留白应该大一些。而且，小标题上面的留白应该大于下面的留白，这样做的目的是让小标题与下面的内容形成一个整体。

6. 整体两端对齐

有时候，公众号文章在手机上显示出的版式与后台排版时的版式并不一致，这是因为手机屏幕相对较窄，很容易出现行与行无法对齐的情况。在后台排版时使用两端对齐的格式，可以有效减少这种情况的发生。

7. 段与段之间留白

段与段之间如果没有留白，手机屏幕上显示的就会全部是文字，而且无法分清段落，容易产生眼疲劳。适当留白，则可以让用户轻松阅读。通常来说，段与段之间的留白只要空出一行即可。

8. 其他留白

除了上述几种留白方式，在版式设计中还会遇到其他需要留白的情况。比如，当出现数字、英文单词时，前后要空一格留白；在英文的逗号、句号之后，都要加一个空格留白；等等。

以上几种留白技巧，在版式设计过程中会经常用到，公众号文章的创作者应该加以了解和掌握。在实际操作中，还有一种比较特殊的留白——配图和文字的留白，需要简单介绍一下。

（1）图片和图片说明之间不需要留白。图片和图片说明是一个整体，没有留白看起来会更加和谐、完整。

（2）配图与正文之间需要留白。配图和正文的整体性不是很强，合理的留白会使版式更加美观。

（3）当图片较多时，图片说明要紧靠相应的图片。在连续使用图片时，如果图片说明和上下图片的留白都一样，那么很容易让用户产生混乱，图片说明与相应的图片靠近，就不会出现这种问题。

在版式设计中适当留白，是一种常用的排版技巧。如果能合理、巧妙地加以运用，就会让文章的整体结构更加清晰，呈现出的版式也会更加美观。它不仅考验创作者的版式设计水平，也体现公众号的品位和质量。

微商运营小贴士 ▶▶

　　在进行版式设计时，有些人为了展示更多的信息，可能会忽视留白。殊不知，适当的留白恰恰是吸引用户阅读的加分项，对提升用户的阅读体验有很重要的意义。

第十四章

后台高效管理，增强粉丝黏性

理性运营，后台数据是关键

在传统媒体时代，由于运营者和用户之间的沟通渠道有限、沟通方式单一，所以运营者很难拿到后台数据，也无法通过数据去分析用户的行为和运营效果。

而现在通过新媒体运营，运营者基本可以实时掌握后台数据，工作中出现的问题和用户的各种反馈都会及时呈现在运营者面前。通过分析数据，运营者可以得到最直观、最理性的结果，从而对运营工作进行优化。

随着公众号功能的不断增加和优化，越来越多的数据呈现在运营者面前。如何从繁杂的数据中找到最有价值的数据，是运营者将要面临的难题之一。

通常来说，运营者应该关注的后台数据有以下几种。

1. 用户增长数据

吸引更多的粉丝加以关注，是公众号运营的工作之一。因此，用户增长数据是运营者进行后台管理的重要内容之一。

在用户增长数据中，包含用户新增数据、用户净增数据等。相对而言，用户净增数据更有分析的价值。因为如果取消关注数比新增用户数多，那么用户总数是下降的。只有关注用户净增数据，才能看出公众号的运营情况。

2. 阅读量数据

一篇公众号文章的阅读量与文章受用户欢迎的程度有着密切的联系。阅读量越高，文章就越受用户欢迎；反之，则说明用户对文章没什么兴趣。分析这一数据，可以发现用户的兴趣点，有助于更好地策划选题，为下一篇文章找准方向。

3. 用户互动数据

用户与公众号运营者之间的互动次数及频率，都能在一定程度上反映用户对公众号文章的接受程度。通过用户互动数据，包括点赞数、留言数等，可以看出用户的黏性，进而找到与用户展开优质沟通的方法和渠道。

公众号运营是一项严谨的工作，通过整理和分析后台数据，可以为公众号的理性运营提供有力的科学支撑。作为运营者，只有深入分析数据，对各项数据做到心里有数，才能在遇到问题时得心应手地进行处理，以确保公众号更加顺畅地运营。

微商运营小贴士 ▶▶

公众号作为一种新的运营载体，是时代发展的必然产物。运营者想通过这种方式来吸引粉丝，就必须具有长远的眼光和理性的思维，只有做到合理利用数据，才能实现理性运营。

打造活跃评论区，实现公众号与用户的双赢

在公众号不具备评论功能之前，如果用户想要对文章发表一些自己的看法，就只能进行转发，然后附带一些自己的评论。对于用户来说，这种方式非常不方便，给用户的使用体验并不好。

但是，在公众号具有评论功能之后，用户不仅可以自己撰写评论，还能阅读别人的评论。运营者不仅可以看到用户的评论，还能进行回复，由此增强了互动性。在评论区中，用户与用户之间也可以进行互动。对于用户和公众号运营者来说，打造评论区是一个双赢的举措。

具体而言，评论区的价值主要体现在以下几个方面。

1．增强互动性

评论区的存在，在运营者与用户、用户与用户之间搭建起了沟通的平台，让各方的互动变得轻松且高效。

2．鼓励用户创造内容

用户在评论区中发布的内容有时甚至比文章还精彩，鼓励用户创造优质内容，可以起到推广宣传的作用。

3．提升用户的参与度

评论区的出现给了用户参与公众号运营活动的机会，一旦运营者采纳他们的意见，用户的参与度就会变得更强。

4．提高品牌价值

用户的真实评论会在无形中增强公众号的可信度，一旦运营者想要实现流量变现，这些评论就会发挥积极的作用。

由上述几点不难看出，打造评论区对公众号运营者和用户都具有极大的意义。那么，究竟怎样才能打造一个活跃的评论区呢？以下几点建议可供参考。

1．及时精选评论

通常来说，文章的最初几条评论将会给评论区奠定一个基调。所以，运营者应及时从众多评论中选出比较优质的评论进行发布，以吸引更多的用户发布评论。

2．及时回复评论

每条用户评论都是用户心声的表达，无论评论是褒奖还是批评，运营者都应该及时回复。一是可以表现运营者对用户反馈的重视；二是可以就相关问题给予解答。

3．设定人格形象

在社会中，每个人都有自己的角色定位；在公众号运营中，运营者也需要设定一个人格形象。固定的形象具有更高的辨识度和代入感，可以增强沟通效果。

4．运营者组织专人评论

在公众号运营之初或处于运营低潮期时，很可能只有极少的用户回复。在这种情况下，运营者可以组织专人进行评论，并与其进行积极的互动，以此带动其他用户评论。

5．设置互动话题

为了吸引用户积极评论，运营者可以在文章中设置互动话题，主动邀请用户展开互动。这种邀请会激发用户的积极性，只要话题有趣、有料，用户通常会参与其中。

运用上述技巧打造评论区，可以让评论区更具吸引力，也能为公众号文章锦上添花。借助各种手段去激发用户的评论热情，并与他们进行积极互动，可以让评论区变得热闹起来，有助于文章的二次传播，带动更多的流量。

微商运营小贴士 ▶▶

运营评论区也是运营文章的一部分，运营者应该对此投入相应的时间和精力。如果能与用户进行良好的互动，那么用户会主动帮助运营者传播文章，这比运营者自己传播效果更好。

借助后台关键词，及时传递信息

对于任何一个公众号运营者来说，给用户传递信息都是工作中一直追求的目标。通过传递信息，运营者让用户对自己的产品和概念产生认识，进而拉动客户成为公众号的粉丝。可以说，信息传递是公众号运营者的重要使命，谁能更好、更快、更高效地将信息传递给用户，谁就能抢占先机，与用户达成更亲密的关系。

在诸多可供选择的方式中，设置关键词回复的方式是比较便捷、高效的。当用户输入关键词时，就会触发自动回复功能，向用户展示他们想要了解的信息。

设置关键词回复，通常有一定的规则。在添加规则的过程中，需要将"规则名称""关键词""回复内容"等部分的内容填写完整，具体的回复形式可以是文字、图片、语音、视频等。

当然，填写上述内容需要遵循如下规则。

1．规则名称

规则总数不多于200条，每条规则的字数不多于60字。

2．关键词

在每条规则中不多于10个关键词，每个关键词的字数不多于30字。

3．回复内容

每条规则不多于5条回复，单条回复的字数不多于300字。

除了要遵循相关规则，在设置关键词回复的过程中，还有一些限制条件和要点需要掌握，具体如下。

（1）关键词回复无法支持超链接。

（2）关键词可以分为完全匹配和不完全匹配两种。

（3）用户在发送关键词之后，可能会出现延迟回复的现象。

（4）推送可以分为全部回复和部分回复两种。

关键词回复的形式多种多样，这是吸引用户参与其中的重点所在。设置好关键词回复，通常可以带动更多流量，让用户关注公众号。

关键词回复的开发和运营状况已经远超许多运营者的预期，在未来还会有更大的发展空间。更实际的意义在于，通过关键词回复，运营者可以有效地与用户互动，了解用户的动态，这为以后的运营奠定了基础。

> **微商运营小贴士** ▶▶
>
> 　　后台关键词的选择决定了用户在输入关键词时能够得到怎样的信息，好的回复会激发用户的阅读兴趣，不好的回复则会让用户放弃阅读。因此，运营者在做决定之前，一定要慎之又慎。

设置白名单群，让用户自由转载文章

　　微信公众号平台对原创文章有保护措施，运营者可以通过申请原创版权来保障自己的利益。如果运营者申请了原创版权，那么该文章被发布时就会出现原创标记；倘若被其他平台转载，那么在这篇文章的底部就会出现"内容出自某某公众号"的标记。

　　对于原创者来说，这种保护措施确实保障了个人的利益；而对于文章的传播和推广来说，这种保护措施却是一种阻碍。为了提升原创文章的传播率，微信公众号平台增加了授权转载功能。运营者可以通过设置白名单群，给予群成员修改文章或不显示转载源的特权。

　　那么，应该怎样设置白名单群呢？具体步骤如下。

　　第一步，登录公众号账号，在功能栏找到"原创管理"按钮，点击进入之后就可以看到已经申请原创保护的文章。

　　第二步，找到想要添加白名单群的文章，在文后点击"转载设置"按钮，进入这篇文章的白名单管理界面。

　　第三步，点击"添加"按钮，在弹出的界面中搜索想要设置白名单群的公众号账号或微信号，完成之后点击"下一步"按钮。

　　第四步，设置该公众号账号或微信号的转载权限，点击"确认"按钮即可完成设置。

　　当白名单群设置成功之后，白名单账号就可以修改运营者撰写的文章或选择不显示转载源。具体给予哪些授权，可以根据公众号的内容及运营者的实际情况做出决定。

有一点需要说明的是，这种授权方式仅针对某一篇授权文章，而不是所有的文章都能通过一次白名单群设置而授权给白名单账号。如果想对其他原创文章也进行授权，则需要在每篇文章中单独设置。

在运营过程中，白名单群的设置并不是一成不变的，运营者可以根据群成员的具体情况，随时进行筛选和更新。对于那些在转载过程中存在问题的账号，运营者可以将其移出白名单群，以保持白名单群的纯洁性，保障其他群成员的利益。

微商运营小贴士 ▶▶

对于微商运营者来说，用户与用户之间都是有相同点和不同点的，按照某种方式进行分类和集中管理，可以更好地做好管理工作，提升运营效率。

第四篇

小程序

　　在微商运营的诸多形式中，小程序是极有特色的一种。从名字就可以看出，它胜在一个"小"字。虽然占用空间不大，但是"麻雀虽小，五脏俱全"，在小的前提下又能设计必备的功能，真可谓"小而美"的典范。

第十五章

初识小程序，不可不知的运营知识

小程序注册，这些领域很合适

小程序带来的巨大红利，让许多微商运营者看到了商机。各行各业的从业者，都想从小程序带来的流量中分得一杯羹。

能够发现并尝试挖掘小程序带来的流量红利，说明微商运营者具有一定的眼界。可并不是每个人都能合理利用小程序，也不是所有的领域都适合做小程序运营。

具体而言，比较常见的适合小程序注册的领域有以下几个。

1. 电商销售

说起近些年发展最迅猛的行业，电商无疑是其中的排头兵。与实体店相比，电商购物具有价格低、品类全等特点，消费者足不出户，就能在网络上购买到心仪的产品。因此，在物流系统越发完善的今天，越来越多的消费者加入了网购大军。

尽管现在有很多电商平台，但是电商购物的市场是十分庞大的，现在已有的电商并不能满足消费者的需求。而且微信用户在小程序上购物更加便捷，所以电商销售类的小程序依然有很大的市场。

2. 影音媒体

音乐能给人们带来精神上的放松，一直以来都是人们追求的精神食粮。如今，随着视频、直播的风靡，越来越多的年轻人对影视和音乐有了更高的追求。在这种情况下，影音媒体领域的小程序是一个很好的选择。

3. 教育培训

每个人都有求知欲，都需要知识来充实自己。不仅学生如此，职场人士同样需要不断地学习。但是，在学校和书本上能够学到的知识毕竟有限，如果想不断提升自己，那就要多开拓一些学习渠道，与教育培训相关的小程序就成为很多人网上学习的选择。因此，对于微商运营者来说，在教育培训领域注册小程序，是一个很好的尝试。

4. 投资理财

随着生活水平的不断提高，人们有了越来越多的财富，手中的闲置资金也越来越多，投资理财就成为很多人打理闲置资金的方法之一。但是，大多数人对专业理财知识的掌握和应用并不在行。为了满足人们在投资理财方面的需求，该领域的小程序成为人们学习相关知识的重要渠道之一。

5. 健康医疗

现代人对健康的需求越来越强烈，而且这种需求不仅是想要健康长寿，而是对各方面的健康知识都有一定的渴望。很多人在决定是否去医院之前，通常愿意在网络上查看相关的知识、经验等。对于微商运营者来说，这是一个很好的商机。在该领域注册小程序，通常会有比较好的前景。

6. 旅游观光

在各种假期来临之际，旅游观光成为很多人的首要选择。旅游攻略、美食介绍、行程规划等，已经成为旅游者的刚需。选择在这个领域注册小程序，可以为旅行者提供相应的经验、推介等，会有比较庞大的市场。

7. 休闲娱乐

现代社会，人们的生活、工作等压力越来越大，为了缓解心理压力，各种休闲娱乐成为人们生活中的必需品之一。只是线下休闲娱乐方式毕竟有限，因此线上休闲娱乐方式也逐渐成为人们的选择。

8. 实用工具

在遇到一些实际问题时，人们对实用工具的需求十分强烈。微商运营者如果能为用户提供一些具有实用价值的小程序，那么该小程序往往会受到用户的欢迎。

除了上述几个主要的领域，微商运营者还可以在其他领域注册小程序，如美食、美妆、社交等领域，都是可以考虑的对象。微商运营者要根据自己的产品、实际情况等，选择合适的领域去注册小程序，这样才能更好地发挥小程序的作用。

> **微商运营小贴士** ▶▶
>
> 相对来说，小程序的应用领域十分广泛。无论在哪个领域中，小程序都要具有一定的实用性。只有为用户提供实实在在的价值，才会受到用户的欢迎。

小程序营销的五种常用方式

对小程序的了解和认知，不仅要关注其注册领域和应用场景，对其营销方式也必须有深刻的认识。毕竟，做小程序的最终目标就是做运营，进而通过良好的运营来获得相应的利益。

对于微商运营者来说，只有掌握小程序运营的常用方式，才能更合理、更高效地运用小程序，让小程序变成自己快速涨粉的工具。

一般来说，小程序常用的营销方式有以下几种。

1. H5营销

所谓H5营销，指的是利用HTML5语言来完成的营销。这种营销方式基于超文本标记语言的第五次重大修改而形成，是一种颇具独特性的营销方式。它的市场前景十分广阔，大多数品牌都可以借助这种方式展开宣传。

在具体操作过程中，微商运营者需要遵循相应的营销原则。

（1）营销主题需要具备吸人眼球的创意性，只是模仿的话很难打动营销对象。

（2）营销内容要优质且有价值，这样才能给营销对象留下深刻的印象，吸引他们持续关注。

（3）宣传频率通常与宣传效果成正比，选择适当的时间点展开宣传会提升宣传效果。

（4）宣传形式对宣传效果会有极大的影响，运营者要在视觉效果上多花费时间和精力。

想要用好H5营销，不仅要遵循相应的原则，还要懂得一些策略，如制造话题、提供价值、技术突破、广泛推广等。只有原则和策略相结合，才能获得最好的宣传效果。

2. 视频营销

所谓视频营销，就是将品牌或产品的相关视频投放到网络上，以此来吸引潜在粉丝和客户的营销方式。随着视频网站和平台的火爆兴起，视频营销也成为营销者常用的方式之一。

视频营销可以直接传递营销者的思想、信息等，而且表现形式非常灵活多变，对浏览和观看的人会有比较大的吸引力。

3. 文案营销

所谓文案营销，就是以文字为主要内容，并配置适量图片来展开宣传的营销方式。文案营销的展现形式与用户对象有着紧密的关系，针对不同的用户群体要用不同的文案。

营销者创作的文案不仅要有与产品相关的信息，还要具有自己的特色。只有这样，才能吸引更多的用户关注，带来更多的流量。

4. 活动营销

所谓活动营销，指的是整合相关资源来策划相关活动，从而销售产品并提升品牌知名度和企业形象的营销方式。在小程序客户端推出营销活动，有助于提升客户的黏性和忠诚度。

在小程序上展开营销，常用的方式有抽奖、打折、发红包、签到送积分、预定赠礼、团购享优惠等。

很多电商类小程序常常会用活动营销的方式来做推广，以"秒杀""清仓"等方式来吸引客户、增加流量。

5. 品牌营销

在传统的营销方式中,品牌营销并没有占据重要的位置。但是在大数据时代,通过小程序来传播企业文化和产品,令用户对此产生良好的印象,进而产生更高的忠诚度,已经成为很多营销者的必要选择。

想要做好品牌营销,运营者需要关注一些营销关键点,在满足用户需求的同时,将品牌、产品等与小程序进行完美的融合。

一般来说,借助小程序展开营销,需要注意以下几点。

(1)做好精准定位,根据自身及行业特点,寻找目标客户。

(2)严把质量关,优质的产品才具有长久的生命力。

(3)以诚为本,赢得信任才能让品牌赢得市场。

(4)坚持独特性,与众不同的产品更能吸引客户的目光。

(5)巧妙进行传播,在同质化的市场中展开差异化竞争。

眼下,展开品牌营销已经成为大部分营销者的共同选择。微商运营者需要与时俱进,抓住品牌营销的特质和优势,给客户提供超出预期的价值。

与传统的营销方式一样,小程序营销同样是一门学问。但是,它跟传统的营销方式在表现形式上有所不同。因此,在运用小程序展开营销的过程中,不能直接套用传统营销方式中的一些东西,而要根据小程序本身的特点,采取相应的策略,这样才能实现营销效果的最大化、最优化。

微商运营小贴士 ▶▶

　　做营销的目的在于销售产品,如果无法起到相应的宣传作用,那么营销就是失败的。只有抓住用户的心理需求,才能制定高效的营销策略,采取优质的营销方式。

五大应用场景，玩转小程序

无论哪种类型的小程序，实用性都是不能忽视的重要因素。对于用户来说，只有从小程序中得到实实在在的价值和益处，才能促使他们选择使用小程序。对于这一点，微商运营者应该有清晰的认识。

在实际应用中不难发现，用户通常会在特定场景中使用小程序。只有在这些场景中满足用户的需求，小程序才有存在的价值。

通常来说，小程序的应用场景有以下几种。

1. 电商类

随着网络技术的迅猛发展及物流体系的快速搭建，越来越多的网络用户开始感受到电商带来的便利及优惠。因此，大量电商从业者涌入其中，想要获得一定的市场份额。在巨大的竞争中，小程序应运而生，它为微商运营者提供了展示的平台和新的销售渠道。尤其对于一些小品牌和零售商来说，小程序为他们带来了更多的发展机遇。

2. O2O类

对于大多数O2O企业来说，各种线上推广方式已经日趋成熟，所以做线上推广并不是很大的问题。但是，由于线下推广方式有限，所以很多企业很难达到自己的推广目标。而小程序的出现恰恰弥补了这一不足。因为小程序无须下载，扫码就能进入，基本不受时间和地点的限制。而且，在用户使用小程序之后，它就会自动出现在"小程序"界面，用户想用的时候就能用。对于微商运营者来说，小程序是线下运营的一个有益补充，能为运营者带来更大的流量。

3. 媒体类

在小程序尚未问世的时候，大多数媒体都是以订阅号的方式来获得粉丝的。虽然这种方式可以获得一定的流量，但是在广告投放方面无法做到多样化。单一的广告形式常常会被用户忽略掉，如果为了增加广告曝光率而增加广告展现次数，那么用户又会产生抵触情绪，这样就很难实现流量的高效转化。使用小程序则不一样，那么因为它的本质是一个应用，运营者可以根据自己的需求提供相对丰富的内容，为用户提供更好的阅读和使用体验。这种更加灵活、多样的推广方式，无疑更受用户欢迎。

4. 工具类

在网络上有很多工具类的App，网络用户通过它们可以获得及时的帮助和指导，给生活带来了极大的便利。但是，使用App的前提是要完成下载、安装、注册等步骤，这就给用户带来了不便，而且会占用用户的手机内存，这就使得一些用户打消了使用App的念头。与工具类的App相比，小程序就简便多了。用户无须下载，只要打开相关小程序就能使用，这给用户带来了更好的使用体验，实用性也更高。

5. 服务类

相较而言，服务类小程序的使用率并不是很高，用户的关注度也有限，可是服务是用户的刚性需求。对于服务类的App，如果用户在一段时间内没有使用，则很可能会选择卸载，这就会导致用户流失。用小程序做运营则不用担心这一点，因为小程序根本不用下载，占用的手机空间也不大，用户通常不会特意去删除小程序。也就是说，服务类的小程序会在用户手机上留存较长的时间。对于微商运营者来说，这是一个持续引流的渠道。

小程序的应用场景相对更加广泛，比一些App更有优势。对于很多用户来说，使用小程序更加便捷、省时，而且不用担心受到某些App的捆绑限制，所以受众的接受程度更高。

在一些特定的场景中，小程序会对用户有较大的吸引力，对于微商运营者来说，这就是巨大的商机。在特定的场景中吸引那些有需求的用户，微商运营者就可以成功引流，最终实现流量变现。

> **微商运营小贴士** ▶▶
>
> 在不同的场景中，小程序要有不同的设计。但是，归根结底，最需要考虑的问题是如何能满足用户的需求，为用户提供价值。

小程序营销的八大优势

小程序从诞生到现在，一直都有很多微商运营者在使用。之所以能够获得众多运营者的青睐，是因为它确实能为运营者的运营提供帮助。

具体而言，相对其他运营方式，小程序具有一些突出的优势。一般来说，这些优势体现在以下几个方面。

1. 市场潜力巨大

相关数据显示，微信用户数量持续增加，用户平均使用时长也在不断增长。再加上微信支付的逐渐普及，微商运营者完全可以通过小程序介入微信，从而分享微信背后的巨大流量。可见，这是一个巨大的市场，拥有巨大的潜力。而且，小程序涉及的领域十分广泛，运营者有充分的空间去选择适合自己的运营领域。

2. 开发难度较低

想让用户使用小程序，运营者首先要开发出小程序。相对来说，小程序的开发难度较低，大多数运营者都能掌握开发技术。因为微信官方对小程序开发也给予了相应支持，为运营者提供了相应的框架、组件和工具，帮助运营者快速掌握开发方法。

3. 拥有退出记忆返回技术

小程序拥有的退出记忆返回技术，对于微商运营者来说是极大的利好。在这种技术的支持下，如果用户在退出小程序界面之后的五分钟之内重新进入该小程序，那么系统会默认用户从退出前的最后一个页面继续查看。对于用户来说，如果退出之后再进入时找不到之前的页面，那么他们可能会因为嫌麻烦而直接选择放弃购买。小程序的这项技术则在一定程度上减少了这种情况出现的可能。

4. 开发成本较低

开发小程序需要一定的技术，技术成本自然必不可少。只不过，由于微信提供了相应的技术支持，所以与开发App和网页比起来，开发小程序的成本相对要低一些。

（1）开发小程序需要投入的资金比开发App和网页需要投入的资金要少得多。

（2）由于开发难度较低，所以开发周期比开发App和网页要短很多。

综合上述情况，我们不难发现，无论是资金成本还是时间成本，开发小程序都是比较划算的。

5. 占用手机内存较小

对于很多用户来说，手机内存是他们考虑是否下载某个App的影响因素之一。毕竟手机内存有限，作用不大的App不下载也罢。相对App来说，使用小程序就不必有这方面的担忧了。因为小程序无须下载，占用的手机内存相对较小，用户通常不会刻意对小程序进行清理。

6. 可以与原生App媲美

在一些人看来，小程序就是App的精简版，在各方面都与App存在一定的差距。实际上，小程序无论是在基本功能方面还是在页面加载速度方面，都可以与原生App媲美。

（1）基本功能方面。尽管小程序是轻应用，但是已经具备了App的基本功能，与App几乎没有差别。

（2）页面加载速度方面。微信定制浏览器对小程序进行了优化，页面流畅度已经接近原生App。

从以上两个方面中可以看出，小程序已经可以与原生App媲美，而且相对原生App更有优势。

7. 能与商业产生直接联系

小程序能够为运营者和用户之间建立起沟通的桥梁，完成信息传递的重要作用。更重要的是，小程序可以与商业产生直接联系。微商运营者可以在小程序上为客户提供产品信息和服务，进而直接与用户做生意。

8. 用户体验比较好

小程序受到众多用户的欢迎，还有一个重要的原因是，小程序的用户体验相对比较好。这一点也是展开小程序营销的优势所在。小程序能给用户带来的良好体验通常体现在以下几个方面。

（1）使用便利。小程序不需要下载，随时打开就能使用，而且页面加载速度很快，对用户来说实用性很强，使用非常便利。

（2）消息免打扰。App和公众号通常会不定时地向用户推送消息，小程序则没有这一功能，这在一定程度上降低了用户被打扰的可能性。

（3）支持离线使用。一些应用在没有网络的情况下就无法使用，这让一些用户颇受困扰；而工具类的小程序支持离线使用，带给用户更好的使用体验。

因为小程序能给用户带来良好的使用体验，所以收获了大量用户及粉丝。微商运营者可以在这一点上做文章，让用户欣然参与到营销活动中。

对于小程序营销的优势，很多微商运营者都有深刻的体会，而且也在各种小程序中不断加以利用。通过不断利用和强化，可以吸引更多的用户，实现更大的销售目标。

微商运营小贴士 ▶▶

　　小程序营销的优势显而易见，只是在某些情况下，微商运营者没有加以重视或充分利用。如果能进行深入挖掘，对小程序有更加明确的认识，利用小程序展开营销的效果就会更加显著。

小程序是这样赚钱的

在小程序刚诞生的时候，就有人尝试借助它来展开营销。只是关于它的盈利模式，以及如何才能赚钱的讨论，让很多人不敢直接投身其中。这一点当然可以理解，对于新生事物和未知事物，人们总会谨慎对待。

当然，这种谨慎带来的另一个结果就是很多人失去了在第一时间利用小程序赚钱的机会。这个结果让很多人倍感遗憾，却也给小程序的厚积薄发带来了巨大的机会。

随着小程序的逐渐普及，人们对它有了越来越多的认识，也逐步掌握了它的盈利模式和规律。在这种情况下，越来越多的运营者开始通过小程序展开营销，而且都取得了不错的效果。

关于小程序的盈利点，很多运营者已经在实践中摸索出来。比较常见的盈利点有以下几个。

1. 教育培训

如今，教育成为热点词汇。不仅学生的教育受到关注，在职人员的继续教育、培训等也成为人们关注的热点。在不断的学习中持续充实自己，以便获得更大的竞争力，已经成为一种时尚。

因此，对于运营者来说，如果能开发出教育培训类的小程序，那么它的市场将很被看好。

2. 线下服务

吸引更多的线下实体店使用小程序，一直是小程序运营的重要目标。将线上和线下相结合，为客户提供更加优质的产品和服务，能够让小程序焕发出更大的生机。

对于运营者来说，这种盈利模式相对便于操作，有很大的发展市场和运营空间。

3. 创新场景

随着越来越多的微商运营者开始涉足小程序运营领域，运营者之间的竞争变得越来越激烈。想要从中获得足够的流量，必须在创新场景方面多下功夫，只有找到新的增长点，才能借助小程序获得更多的利润。

面对这一局面，运营者需要更多地关注市场变化，从市场反馈和客户需求中寻找更多的创新可能。

4. 周边产品

做小程序运营需要面临比较大的竞争和压力，在众多运营者竞相通过小程序获利时，不妨尝试从小程序的周边产品或服务着手，这样可以减轻压力，并寻找到新的途径去获得更大的流量。

运营者采取这种"换个赛道"的方式展开竞争，并不是逃避竞争和压力，而是一种明智之举。

小程序可以盈利的领域有很多，在日常运营中，微商常常使用以上几个盈利点来展开工作。而且经过实践证明，这些盈利点确实能为运营者带来实实在在的利益。

具体来说，微商运营者可以利用的盈利方式有以下两大类。

1．直接付费盈利

显而易见，对于微商运营者来说，这种盈利模式能够直接获得费用。比较常见的类型有O2O、电商类的现付，内容电商、内容付费的预付，等等。

2．间接付费盈利

小程序的盈利形式不止直接付费盈利一种，还可以在其他领域中通过构建平台等形式来实现间接付费盈利。比较常见的类型有提供服务促成交易、为品牌提供曝光渠道等。

经过长期的实践证明，小程序确实是微商运营者赚钱的一个良好渠道。它的盈利模式已经被众多运营者了解和掌握，并在运营过程中得到了很好的推广和利用。微商运营者完全可以通过小程序来吸引粉丝、获得流量。

微商运营小贴士 ▶▶

想通过小程序盈利，掌握盈利点和盈利模式非常重要。只有选择合适的盈利点，并以正确的模式去实现盈利，才能实现高效运营。

第十六章

考量产品设计，突出核心功能

依据用户需求，确定什么功能该要、什么功能不该要

在开发一款小程序的过程中，产品设计理念和方案占据着十分重要的位置。而考量一种设计是否合格的关键因素是它能否满足用户的需求。毕竟，小程序最终是要给用户使用的，只有让用户满意，它才有存在的意义和价值。

用户需求是设计小程序的导向，只有对用户进行细致的分析，确定用户需要什么功能、不需要什么功能，再根据他们的核心需求点去展开设计，才能开发出令用户满意的产品。

一般来说，想要挖掘用户需求，首先要给用户画像。所谓"用户画像"，就是根据用户的性格、喜好、需求等，为他们贴上某种标签。这种方法在很多领域都有应用，尤其对营销行业来说，只有给用户准确画像，才能更加精准、高效地展开工作。

任何一款小程序想要吸引所有的用户都是不可能的，所以必须选择一个相对固定的群体，为他们提供服务。在选择过程中，为用户画像的作用就会体现出来。而且，随着大数据时代的到来，微商运营者可以收集的用户数据越来越多，因此用户画像也越来越有价值。

通常而言，为用户画像包含以下几个重要的组成部分。

1. 用户需求

不同的用户会有不同的需求，对用户需求进行分析并按照不同的类型对他们进行分类，可以精准刻画用户画像，进而展开精准营销。

2. 用户消费行为

用户的消费行为与他们的心理有着密切的联系，研究用户的消费行为，进

而分析出潜藏在他们内心深处的消费理念、动机等，可以更好地了解用户的需求，并按照他们的需求去设计小程序。

3. 用户偏好

用户对某些事物的偏好和兴趣在一定程度上影响着他们的决策。设计出让用户喜欢的小程序，是赢得用户的关键所在。

除了上述几个为用户画像的关键因素，包括用户的年龄、性别、地域等，都是微商运营者应该考虑的因素。越是将用户细分，越能精准满足用户的需求。

具有相同需求的用户往往在某些方面存在共同点，找到这些用户群体，再根据他们的共同点去展开营销，那么宣传效果往往会更好。而且，由于是精准、批量地进行营销，所以通常可以节约人力、物力。从某种意义上来说，挖掘用户需求是寻找用户群体的基础所在。

为用户画像是精准挖掘需求的一项重要工作，一旦可以确定用户群体的特征，就能针对他们的核心需求去设计小程序。能够满足用户需求的小程序，一定会受到目标群体的欢迎。

微商运营小贴士 ▶▶

用户需求是设计小程序的导向所在，根据用户画像来区分不同的用户群体，是实施精准营销的关键。微商运营者应该尽可能地将用户细分，这样不仅有利于实施精准营销，还能对用户进行精细化管理。

做好竞品分析，调整、设计新功能

小程序营销的市场具有吸引力，能够带来流量和利润，这些做微商运营的人基本都知道。正因如此，才有越来越多的运营者涉足其中，想要从中获利。

越多的人涌入这一领域，意味着竞争力越强。在满足用户同一需求时，在市场上往往就会出现数十个甚至数百个竞品。

想从众多竞品中脱颖而出，运营者需要对竞品进行分析。在对竞品进行分析的过程中，不仅要了解竞品的不足，还要学习竞品的优点，从而不断优化自己的产品。

当然，在数量众多的竞品中，并不是所有的竞品都值得分析和研究。必须经过严格的筛选之后，才能找到真正的竞争对手。

那么，应该怎么寻找真正的竞品呢？

1. 在网站上搜索关键词

知乎、人人等网站具有较为强大的包容性，平台涉及的范围相对较广，运营者可以通过搜索关键词等，筛选出与竞品有关的内容，再通过细致的分析来寻找竞品。

2. 在应用市场上下载相关小程序

在应用宝等应用市场中，对小程序的分类十分明确，各类小程序的数量也十分可观，运营者可以下载与自己的小程序相关的其他小程序，然后进行分析，找出真正的竞品。

3. 在各平台上发布问题

在朋友圈、微博、网站等流量大的地方发布一些如何寻找相关小程序的问题，热心的网友不仅会给出各种各样的答案，还会介绍自己的使用感受。对于运营者来说，这是一条寻找竞品的高效途径。

4. 多种方法配合使用

寻找竞品的方法多种多样，不同的方法也有其独特的优势所在。所以，在实际操作中，通常不会只使用一种，多种方法配合使用，才能起到最好的效果，为运营者带来巨大的流量。

在找到真正的竞品之后，接下来的工作就是对竞品展开分析。分析竞品的方法有很多，分析的角度也多种多样。在这里，主要介绍如何从以下几个方面进行分析。

1. 优势

对竞品的优势进行分析，也就是对自己产品的劣势进行分析。分析竞品小程序的长处，并积极汲取有益之处，才能弥补自己产品的不足，让小程序的设计更加完美。

2. 劣势

对竞品的劣势进行分析，也就是对自己产品的优势进行分析。分析竞品小程序的不足之处，并引以为戒，才能发挥自己的优势，从而在竞争中取胜。

3. 机会

只有在机会适当的情况下，小程序才能在面世之后获得用户的认可。对机会展开分析，需要对市场行情及未来走向都有充分的认知，这样才能比竞品更早抓住机会，以免被竞品超越。

4. 挑战

每个小程序都会遇到竞品的挑战，但是具体到不同的小程序，又会面临不同的挑战。分析竞品最可能从哪个方面挑战自己的产品，并提前做好预防工作，才能有效降低被竞品击败的可能性。

寻找和分析竞品的过程其实就是不断完善自己的小程序的过程。通过分析竞品，找到它们的优势和劣势，再依据这些信息去不断调整和设计新功能，以确保自己的小程序始终比竞品更为完美，这样才能持续赢得用户的关注，受到用户的青睐。

微商运营小贴士 ▶▶

做好竞品分析，不仅有助于打败竞品，还能对整个市场产生清晰的认知。所以说，这个过程并不单单是为了赢得竞争，还是为了在未来赢得更大的市场。

根据设计目标，确定功能优先级

小程序具有的一大特点是占用手机内存较小，不会给用户在手机内存有限方面带来太大的困扰。而恰恰是因为"小"这一特点，在设计小程序时就需要对某些功能做出取舍，明确小程序的什么功能要做、什么功能不做、什么功能先做、什么功能后做。

如果运营者不根据设计目标确定小程序功能的优先级，而是随意什么功能都设计进去，那就很容易把小程序开发成"大"程序，这与小程序的定位不符，而且小程序也无法支持这些功能的正常运转。

在确定功能优先级方面，有以下几个方面需要考量。

1. 什么功能要做

任何一款小程序的诞生，都经历了各种功能的筛选。在设计之初，开发者只能根据市场调研去确定一些基础功能，用户对各种功能的要求会在使用过程中逐渐体现出来。随着用户反馈的增多，开发者根据大多数人的建议，再对小程序进行优化，最终才将那些必须要做的功能留存下来。

2. 什么功能不做

开发小程序的目的是为用户提供便利的服务，开发者要做的是满足用户需求的功能。而那些与用户需求无关，或者小程序本身就无法支撑的功能，就没有做的必要了。小程序有自己的定位和运转方式，对于那些没必要的功能，不必强行加上。

3. 什么功能先做

设计一款小程序，一定要考虑功能的优先级，也就是功能的设置要有先后顺序，对用户价值更大、更有意义的功能要优先考虑。这些功能是小程序的核心功能，必须优先做好。否则，小程序就没有核心价值，也就很难获得用户的认可。

4. 什么功能后做

至于可以后做的功能，只要确定先做的功能之后，就一目了然了。这些可以后做的功能，对用户来说并不是迫切需要的，即便没有它们，对用户的使用体验也没有太大的影响。

要依据用户的需求来设计和制作小程序的各项功能。根据用户需求层次和紧迫性的不同，对功能的优先级做出相应的安排。在设计过程中，这是微商运营者需要谨慎考虑的一个重要方面。

微商运营小贴士 ▶▶

小程序的设计目标与用户的需求有着紧密的联系，能够满足用户最紧迫的核心需求的功能必须设计进去，而且要具有优先权。只有按照功能的优先级来选择功能的先后顺序，才能最大化地满足用户的需求，得到用户的认可。

孤立设计不可取，融合功能更强大

每个产品都需要进行功能设计，小程序自然也不例外。在进行功能设计之前，一定要搞清楚小程序究竟是什么，它的存在有什么意义和价值，它的目标用户群体是什么样的。也就是说，一定要明确小程序的定位。只有在明确定位之后，后续的工作才能顺利展开。

就功能方面而言，小程序至少要满足某个群体的共同需求，才有可能被用户群体接受。换句话说，小程序需要具备核心功能去满足用户群体的核心需求。这是小程序存在的根本所在，也是它能够受到青睐的基础条件。

在核心功能之外，小程序还要融合其他功能。因为只具有核心功能的小程序是孤立的，即便可以支撑起整个运营体系，也难以拓展营销范围。如果能进行功能方面的融合，那么小程序呈现的内容就会更受用户欢迎。

一般来说，小程序可融合的连接功能主要有以下几种。

1. 内容需求可以融入微信生态

如今，微信已经成为人们生活中不可或缺的重要组成部分。这个平台的注册用户和活跃用户都是数以亿计的，在这数亿人的背后是一个十分可观的流量池。而且，在微信平台、用户及第三方之间已经形成了比较稳固的生态关系。如果能在小程序的功能设计中引入微信生态，那么对小程序的发展会有很大的促进作用。

2. 从自有App中筛选精华功能

在目前的市场中，很多拥有App的企业也开始布局小程序。由于这些App本身就有一定数量的用户，所以做起小程序来也会轻松一些。只不过，App中的功能和板块并不一定都适合引入小程序中，所以运营者要懂得去粗存精，利用最精华的功能去打造能够吸引用户关注的小程序。

3. 与社交关系产生某种联系

小程序并没有转发至朋友圈的功能，所以没有办法在第一时间让朋友圈中的好友看到或参与很多营销活动。为了让小程序被更多的人知道，可以在小程序中切入社交关系，通过社交活动展开推广。网络上的很多社交团体，其自身都具有独特属性，运营者可以根据社团的特质，展开针对性的营销。

不夸张地说，小程序的设计是一项复杂的、综合性的工程。开发者不仅要考虑资金、运营等方面的问题，还要在功能设计方面多下功夫。在小程序能够正常运行的前提下，尽可能多地为用户融合相关功能，就是为用户提供更多的价值，给用户带来更好的使用体验。

> **微商运营小贴士** ▶▶
>
> 小程序的功能设计不仅要具有核心功能、基本功能等，也要考虑为用户提供更多的外部融合。这样做不仅能为用户提供更多的价值，还能让小程序有更多的宣传渠道。

第十七章
推广小程序，流行玩法潮起来

扫描二维码，推广很轻松

二维码连接着人与人、人与物以及人与服务，在生活的很多场景中，都可以见到二维码的身影。正是因为二维码具有广泛的普遍性，才使得小程序的应用也进入很多人的生活中。

在小程序推出之初，扫描二维码进入小程序的方式就被极力推荐，它是用户进入小程序最直接的方式。用户只需要使用微信中的"扫一扫"功能，扫描一下小程序的二维码，就可以进入小程序。

这种推广方式是小程序吸引粉丝和流量的工具。通过这个工具，小程序的运营者可以有效地展开小程序营销。

在生活中，可以见到很多通过扫描二维码进入小程序的场景。比较常见的有以下几种。

1. 餐厅点餐

在很多餐厅中都有自助点餐的小程序，顾客在点餐时只需要扫一扫商家贴在餐桌上的小程序二维码，就可以进入小程序完成点餐。在整个点餐过程中，顾客不需要与服务员直接沟通，通过手机就能完成。

2. 停车场停车、取车

在一些收费停车场中，可以看到一些小程序的二维码，通过扫描二维码，可以看到本次停车的全部情况，如剩余车位情况、停车时长、停车费用等。这样的停车、取车方式，不仅给司机带来了便利，也节约了时间。

3. 乘坐公交车

在很多公交车站牌上，也印有小程序二维码。乘车者扫描二维码，可以查看公交车的相关信息、公交车的运营时间、下一班发车时间等，有助于乘车者合理安排时间。

除了上述几种比较常见的场景，小程序二维码在其他领域也有广泛的应用。对于微商运营者来说，这些生活中常见的场景都是推广小程序的好渠道。对于大部分潜在用户来说，这些场景司空见惯。一旦运营者将场景与小程序完美结合在一起，那么推广效果一定非常令人期待。

微商运营小贴士 ▶▶

　　二维码已经成为现代人生活中的重要组成部分，运营者基本不必担心潜在用户对小程序二维码产生排斥心理。如果运营者可以充分加以运用，那就可以引来令人满意的流量。

向熟人推广小程序，社交工具不可少

微信、QQ等网络社交工具的兴起，使得人们有了新的社交模式和渠道。在网络上，尽管无法像面对面社交那样看到真实的人，可是这种未知性也带来了神秘感，这恰恰是吸引人们乐于在网络上交友的关键所在。

对大多数热衷于网络社交的人来说，网络上的任何人都有可能成为朋友。这样的想法固然没错，但在推广小程序的过程中，熟人显然比陌生人更容易交往和沟通。

通常所说的熟人包括家人、亲戚、朋友、同学、同事等。这些人彼此比较熟悉，交往频率也比较高，常用的社交工具有微信、QQ等。由于是熟人，所以在微信、QQ上更容易建立起人际关系网，而且彼此之间信任程度较高，而信任感对小程序的有效推广起到了巨大的促进作用。

具体而言，比较常用的熟人社交推广工具有以下几种。

1. 微信群

微信是目前最火爆的社交工具，在人们的生活中占据着非常重要的位置。微信群则是人们构建社交网络的有效工具。对于推广小程序来说，微信群具有以下几个优势。

（1）小程序依托微信而生，两者之间有着紧密的联系，通过微信群进行推广和传播，相较于其他社交媒体，会更加直接、有效和便捷。

（2）想要加入微信群，需要通过扫描群二维码或是由已在群中的好友邀请，这在一定程度上降低了社交网络断裂的可能性，有助于小程序的长期推广。

（3）微信群中的成员通常都是关系比较亲密的好友等，彼此之间的信任程度较高、亲密性较强，在微信群中做小程序推广，传播效率往往更高一些。

鉴于微信群本身的特点，一些适合群聊场景的小程序会相对更受欢迎，微商运营者可以尝试推广此类小程序。

2. QQ群

与微信群一样，QQ群也具有群聊功能。只不过，微信群和QQ群在加入方式上有差别。QQ群不仅有微信群那样的加入方式，还可以通过搜索群账号、群名称等方式入群。也就是说，QQ群给了用户更多的自主性，让他们可以自行选择想要加入的群。一旦用户选择加入其中，那么他们就会具有较高的忠诚度。

尽管QQ群无法像微信群那样直接与小程序产生联系，但是在QQ群里同样可以发布一些与小程序相关的宣传信息或有益的资讯，以此来带动群里的用户去关注小程序。

3. QQ空间

很多微商运营者将微信朋友圈作为推广小程序的主要阵地，这一点无可厚非，但是，QQ空间的推广价值也不能被忽略。毕竟，QQ空间出现的时间更早，这些年来积累的用户和粉丝的数量也非常可观。他们正是运营者在QQ空间做推广的重要基础。

通常来说，利用QQ空间去吸引流量的方法有以下几种。

（1）写文章。在QQ空间里，运营者可以写一些与小程序相关的文章发布出来，当QQ好友浏览文章的时候，就可以对小程序有一个大致的了解，以此吸引更多的人去关注小程序。

（2）自主分享。文章发布到QQ空间之后，运营者可以选择自主分享文章，以便让QQ好友在空间动态中看到文章的链接，只要点开，好友就能看到文章的全部内容，这是一种自我推销的好方法。

（3）空间装扮。每个人的QQ空间都有其特色，能够展现所有者的个性、喜好等。运营者可以根据小程序的定位，选择相适应的装扮风格，以此来吸引更多的流量。

QQ空间的一些老用户和粉丝的忠诚度相对较高，一旦实现引流，他们就会是小程序的忠诚用户。对于微商运营者来说，这是一个良好的推广渠道。

4．微博

想让小程序以更快的速度传播，在微博上进行推广是一个很好的选择。微博上有很多大V，他们有很高的人气和大量的粉丝，他们的任何一个举动都有可能在网络上引发一股浪潮。对于微商运营者来说，大V的影响力恰恰是助推小程序传播的巨大力量。

与大V合作，让他们帮助自己转发与小程序相关的信息，或者在微博上发布一些有助于宣传的内容，就能在他们的粉丝群体中带动巨大的流量。微商运营者通过引流，就能在推广中获得出乎意料的效果。

熟人之间的关系更紧密，彼此之间的信任程度也更高。微商运营者通过一些常用的社交工具，就可以将小程序推广给自己的熟人。通过这些熟人进行二次传播，小程序的传播范围会越来越大，推广效果也会越来越好。

微商运营小贴士 ▶▶

对于微商运营者来说，向熟人推广小程序是一个高效的推广渠道，既节约了前期互相了解的时间，又节省了前期推广的大笔费用，可谓一举两得。

用好工具，陌生人推广并不难

相较于熟人之间的推广，陌生人推广显然要更有难度。毕竟，面对完全陌生的人，任何人都会有戒备心理。想要从陌生变熟悉，并不是轻而易举的事情。尤其是在网络上，陌生人之间甚至连见到真容都很难，对一个完全不知情的人给予信任，相信所有人都无法轻易做到。

对于微商运营者来说，与陌生人打交道确实比与熟人打交道更有挑战性，但是反过来想一想，如果连陌生人都能接受推广，成为小程序的用户，那么小程序的发展前景必然十分光明。

向陌生人进行推广，其实也有一些比较常用的工具，如果能够用好，那么推广工作也不是很难完成的。

1. 摇一摇

微信有一个"摇一摇"功能，这是一个专门用来交友的应用。用户只要在微信界面中找到"摇一摇"的入口，点击进去之后，就可以通过摇晃手机的方式来寻找同时在摇晃手机的新朋友。

这种方式的优点在于增加了用户之间的互动，提升了用户黏性。而问题则在于，即便摇到了对方，对方也不一定同意添加成为好友。也就是说，推广小程序的成功率并没有保证。

为了提升成为好友的可能性，微商运营者需要在个人设置上下功夫。可以将个性签名设置为小程序的宣传标语等，以最直接的方式让对方认识运营者；也可以选择一些能抓人眼球的内容，以便提升好友申请的通过率。

2. 附近的人

在微信界面中还有一项"附近的人"功能，它也是用来交友的应用。用户只要在微信界面中找到"附近的人"的入口，点击进去之后，就可以根据定位找到附近也在使用微信的人。

当然，由于"附近的人"具有匿名性，所以微信用户并不知道对方是谁，这就会让人产生防范心理，通常不会轻易相信对方所说的话。因此，微商运营者在运用这一工具时，需要采取一定的策略，遵循一定的步骤。具体内容如图17-1所示。

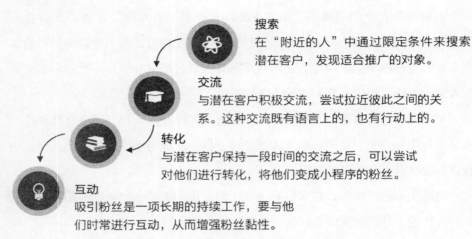

搜索
在"附近的人"中通过限定条件来搜索潜在客户，发现适合推广的对象。

交流
与潜在客户积极交流，尝试拉近彼此之间的关系。这种交流既有语言上的，也有行动上的。

转化
与潜在客户保持一段时间的交流之后，可以尝试对他们进行转化，将他们变成小程序的粉丝。

互动
吸引粉丝是一项长期的持续工作，要与他们时常进行互动，从而增强粉丝黏性。

图17-1 "附近的人"采取的步骤及策略

由此不难看出，寻找附近的人并非难事。想与附近的人成为好友，甚至让他们成为小程序的粉丝，则需要运营者借助一些社交技巧才能达成。

面对陌生人进行小程序的推广，往往会有比较大的困难。这一点，无论是在传统营销模式中还是在网络营销模式中，都是营销者面临的难题。但是，从积极的方面来看，"摇一摇""附近的人"等工具为营销者提供了更加丰富的营销渠道。在不同的渠道同时做营销，其整体效果显然会比单一渠道更好。

对于微商运营者来说，只要用好这几种工具，就能挖掘出更多的客户和粉丝。只要坚持下去，就能积少成多，最终获得较大的流量。

微商运营小贴士 ▶▶

　　向陌生人推广小程序，需要运营者保持足够的耐心，做好打持久战的准备。只有在持续交往中逐渐赢得对方的信任，才有可能成功推广。

小程序入口推广，让用户更直接地使用

这里所说的小程序入口指的是互联网意义上的入口。在小程序诞生之初，其实并没有入口，设计者根本没有在微信中为小程序设置入口，也不支持通过搜索功能来搜索小程序。

在这种情况下，用户想要找到适用的小程序都非常困难，微商运营者想要使用小程序展开运营更是很难实现的事情。

出现这种状况与小程序最初的功能和定位有着紧密的联系。后来，随着小程序功能的不断升级，设计者逐渐在微信中为小程序设置了数十个入口。

通过这些入口，小程序用户可以轻松进入小程序，这为小程序推广提供了更多便利。对于微商运营者来说，每个小程序入口都是一个引流渠道，如果能很好地加以利用，则会给运营活动带来积极的推动作用。接下来主要从两个方面来探讨如何通过小程序入口来展开推广。

1. 微信搜索

在微信中有一个"搜一搜"功能，它的作用与搜索引擎的作用相似。只要在搜索框中输入关键词，就能找到与关键词有关的许多内容，包括公众号文章、朋友圈内容、小说、小程序等。

对于小程序来说，由于刚刚进入市场，很多用户并不一定知道它的完整名称，所以对关键词的使用更加重要。只有设置好关键词，才更有可能出现在搜索列表的靠前位置。

能够通过"搜一搜"找到小程序，说明小程序多了一个入口，但是两者的关系并不是仅此而已的。为了提升小程序被搜索到的可能性，在"搜一搜"中的小程序上可以添加广告位。这样做的目的在于，当用户搜索相关内容时，添加广告位的小程序可以出现在搜索列表的靠前位置，这就使得用户优先看到相关小程序，提升了小程序的曝光率，增加了被用户点击打开的可能性。

微信"搜一搜"入口的开放，为小程序的推广开拓了另一个直接且高效的渠道，有利于提高用户对小程序的点击率和使用率，从而为小程序积累更多的粉丝和流量。

2. 小程序商店

所谓小程序商店，就是可供用户选择小程序的商店。在这里，用户可以像在普通商店里挑选商品一样挑选小程序。而且，在大部分小程序商店里，运营者都对小程序进行了类别划分，这将有利于用户找到自己所需的小程序。也就是说，小程序商店不仅为用户提供了小程序入口，还能让用户更加快捷地找到自己想找的小程序，可谓一举两得。

因此，如果想推广小程序，则可以考虑与小程序商店合作，让小程序商店进行推荐等，这样可以提升小程序的曝光率。当然，有一点需要说明的是，这里所说的小程序商店并不是微信官方的小程序商店，而是第三方的小程序商店。

小程序入口的出现为用户寻找和使用小程序提供了便捷，也为微商运营者提供了新的引流渠道。

对于运营者来说，小程序入口是直接引流的上佳方法，能为运营者带来极大的流量。随着小程序入口的不断增多，这种推广方式会给运营者带来更多的价值和利益。

想在微商领域取得成功的运营者很有必要常常关注小程序，一旦发现小程序出现新的入口，可以在最短的时间内加以运用，从而先人一步展开运营。

运营者都知道，取得先机就意味着离成功更近一步。在微商领域中，这种优势会得到更加明显的体现。毕竟，网络的传播速度比传统渠道的传播速度更快捷。哪怕只是一秒钟，也会给运营效果带来无法想象的影响。

微商运营小贴士 ▶▶

随着小程序营销的普及，小程序的入口方式也越来越多。运营者通过各种方式都能吸引小程序的使用者，也能在各个渠道实现引流。在诸多入口方式中选择最适合自己的推广方式，是运营者必须处理好的问题。

第十八章

效果评估与优化，把小程序越做越大

统计评估数据，掌握三种主要方法

在小程序的开发方面，由于每个人都有自己的想法和操作方式，所以在具体实践中遇到的难题不尽相同，解决问题的方式也千差万别。可是，在获得用户和留存用户方面存在的困难，是每个小程序运营者都要面临的问题。

小程序的开发门槛低，获得用户的方式也多种多样，获得用户的渠道是非常通畅的，但是由于小程序具有"用完即走"的特点，所以想要获得稳定用户并非易事。为了尽可能多地获得用户和留存用户，运营者十分有必要进行精细化运营，通过相关数据了解、分析用户，进而增强用户黏性。

一般来说，小程序数据统计的方法有以下几种。

1. 小程序官方数据统计

对于任何企业来说，经营过程中的数据分析都是一项不可或缺的工作内容。通过数据分析，可以看出在经营中遇到了哪些问题，并在分析过后找到解决办法。在小程序运营中，同样需要数据分析。

小程序本身就有基础的统计功能，在后台能进行一部分的数据统计。而且，小程序还具有实时数据检测功能，运营者可以实时看到使用小程序的人数。

只是，小程序官方统计数据也有一定的弊端，那就是具体数据不够细化。这是因为行为数据相对比较复杂，需要参考的配置参数非常多，所以本身就以"小"见长的小程序无法全部兼顾。也就是说，从官方统计数据上虽然可以看到一些现象和趋势，却无法看出小程序运营效果的全貌。

2. 自定义/第三方埋点统计

自定义/第三方埋点统计是使用时间较长、被认可度较高的一种方法，在很多领域都被使用。它的操作方式是为每个用户行为定义一个事件,当这个事件被触发时,就会有数据生成并上传,运营者可以根据这些数据进行统计和分析。使用这种方法统计出来的数据相对全面一些,所以使用范围比较广泛。

当然,这种统计方法也有不足,那就是在开发前期需要投入大量的人力和财力,成本和门槛都要相对高一些。而且,有埋点才有数据,数据还需要进行回溯,所以在设计的时候需要非常细致和谨慎。

3. 无埋点统计

埋点统计因为在成本和操作上存在很多难题,所以并不是所有的企业都能负担的。为了解决成本和操作上的难题,无埋点统计方法应运而生,为资金有限的微商运营者提供了新的数据统计渠道。

无埋点统计方法操作便捷,只需要通过一次性集成软件开发工具包就可以获得比较全面的数据,还可以自定义分析方法,使用方法非常灵活。在无埋点的基础上,只要配备一些必需的人员,就可以轻松、高效地完成数据统计工作。

小程序的一些限制给开发者和用户带来了便利,却给留存用户带来了一定的困难。运营者只有在创立之初就开始关注用户的行为,并进行数据统计和评估,才能使小程序不断得到优化。在这个过程中,专业化的数据统计方法是必不可少的。上述三种主要的统计方法会对运营者的统计工作有所帮助,在吸引和增长用户方面发挥巨大的作用。

微商运营小贴士 ▶▶ ————————————

　　每种数据统计方法都无法做到尽善尽美。随着统计技术的不断发展,运营者的统计方法和渠道也越来越多。在运营过程中,只有跟随市场的发展不断进行优化,才能让小程序最大限度地满足用户的需求,成为用户长久的选择。

找准关键数据，评估结果更精准

对小程序的运营效果进行评估，仅仅掌握数据统计方法是远远不够的。因为在评估过程中，并不是所有的数据都有用，或者说有些数据对最终的评估并没有多大的参考价值。所以说，能否从众多数据中找到关键数据，对最终的评估结果有着很大的影响。

运营者需要筛选出的关键数据就隐藏在海量的统计数据中，需要运营者抽丝剥茧地进行分离。比较常见的关键数据有以下几种。

1. 运营概览数据

运营概览数据是微信官方提供的一些数据，这些数据都是比较常见的，能够全面展现小程序的运营成果。

比较常见的数据可以分为以下几种。

（1）访问人数：指的是小程序内访问所有页面的用户总数。一个用户访问小程序内的某个页面时计为一次，同一用户对同一小程序的重复访问不再重复计数。

（2）打开次数：指的是用户打开小程序的总次数。一个用户从打开小程序到主动关闭或其他原因自动退出时计为一次。

（3）页面浏览量：指的是小程序内所有页面被用户浏览的总次数。一个用户对某个页面点击打开一次就计为一次，用户在不同的页面之间跳转或对同一页面进行重复访问都可以被计为多次访问。

（4）新访问人数：指的是第一次访问小程序所有页面的用户总数。同一用户对同一小程序的重复访问不再重复计数。

（5）入口页：指的是用户进入小程序后访问的第一个页面。每个页面都有不同的二维码，用户通过扫描二维码可以进入不同的页面。

（6）受访页：指的是用户进入小程序后可以访问的所有页面。

（7）分享人数：指的是将小程序分享出去的用户总数。

（8）分享次数：指的是用户将小程序分享出去的总次数。

对小程序的效果评估不能盲目进行，而要用数据说话。定期对以上数据进行统计分析，可以检验小程序是否符合用户和市场的需求。

2. 有效用户行为数据

在不同的时间和场景中，用户的行为也会相应发生一些变化，在他们使用小程序时，这些行为都能表现为某种数据。对这些行为数据进行统计和分析，也是小程序数据分析的重要组成部分。

通常来说，有效用户行为数据包括以下几种。

（1）点击。用户的点击率直接反映了用户对小程序的关注程度，点击率越高的小程序越受用户关注。

（2）加载。加载的时长和次数与用户的体验感有着紧密的联系，加载时间越长，次数越多，说明小程序给用户带来的体验越好。

（3）刷新。用户愿意下拉刷新小程序，说明小程序中的某些功能满足了他们的需求，他们希望对小程序有更多、更全面的了解。

（4）搜索。用户愿意主动搜索某些内容，说明他们已经有了明确的目的性，对小程序有针对性的需求。搜索频率越高，说明小程序的吸引力越大。

（5）分享。用户愿意将小程序主动分享给别人，说明他们认可小程序中的某些功能，这对小程序的口碑传播很有帮助，有助于吸引更多的用户。

（6）收藏。用户能将小程序收藏，意味着他们想要长期使用小程序，说明他们对小程序的功能十分满意，已经成为小程序的忠实用户。

用户行为数据包含各种行为动态，但是只有有效用户行为数据才能真实反映小程序的运营效果，只有统计和分析这些数据才能让最终的评估更加准确。

3. 用户特征数据

除了上述两种关键数据，用户特征数据也是运营者应该着重统计和分析的数据。对小程序用户进行特征分析，可以为小程序的优化指明方向。

在一般情况下，对用户特征进行数据统计，主要从以下几个方面着手。

（1）设备机型。用户使用的设备机型能在一定程度上反映用户的经济水平、使用习惯、个人喜好等。通过对此类数据进行统计和分析，可以为不同的用户添加不同的功能。

（2）网络类型。用户使用何种网络对网速有着很大的影响。根据不同的网络类型，为用户提供不同的小程序，可以在一定程度上避免卡顿的情况，给用户更好的使用体验。

（3）用户属性。不同的用户会有不同的属性，这可以体现在地域、环境、知识水平等方面。为各种属性的用户提供相应的小程序，往往可以更加精准地做好推广。

用户特征数据是一个具有多种参数的数据，微商运营者在运用的过程中，需要综合考虑各种因素的影响。细分的程度越深，用户特征数据就越有参考价值。

对小程序的运营效果进行评估，相关数据是基础所在；从庞大的数据库中筛选出关键数据，则能提升评估效率，让评估结果更加精准。这对小程序的持续优化会起到非常重要的作用，所以运营者必须认真、谨慎地对待。

微商运营小贴士　▶▶

对关键数据进行筛选，不仅是为了提高评估结果的准确度，也是一种节约时间的高效评估方法。微商运营者如果能够合理运用，就会取得事半功倍的效果。

五个途径，做透用户数据分析

运营小程序的目的是获取流量，最终实现流量变现。这里的流量其实就是用户数量，用户数量越多，流量越大，小程序受到的关注就越多，能在市场上带来的影响力就越大。

对于运营者来说，用户数量不仅能够用于衡量小程序的运营效果，也与他们的切身利益密切相关。所以说，对用户数据进行分析是运营者检验小程序的最好方法。

在一般情况下，对用户进行数据分析的途径有以下几个。

1. 获取

一款新的小程序上线之后，运营者首先要考虑的问题就是如何才能获取用户。通常来说，运营者常用的方式有扫描二维码、搜索、微信公众号推荐、分享给好友等。无论采取哪种方式，都要付出一定的成本。

如果能对推广的方式和渠道进行优化，就能提升转化率，从而降低获取用户的成本。在分析小程序获取用户的成本时，应该分析用户在小程序页面内是否完成了一个有效动作。

2. 激活

小程序能够获得用户，并不意味着用户就会使用小程序。只有他们真正进入小程序并使用小程序中的某些功能，才说明小程序被激活了。

小程序被激活的一个显著标志是用户产生了较多的活跃行为，通过分析这些行为的相关指标，可以发现用户被激活的关键因素，进而做出优化，更好地吸引用户。

3. 留存

对于运营者来说，仅仅获得和激活用户，对长期运营并没有太大的帮助。只有将用户长期留存下来，把他们变成忠实用户，才能持续引流。

想要提升用户的留存率，运营者往往需要花费更多的时间和精力，这是由小程序自身的特点决定的。不仅要抓住用户的心理动态，还要持续优化小程序，才能满足用户的需求。

4. 变现

运营小程序的最终目标就是实现流量变现，因为只有流量变现，才有资金用于长期运营。否则，小程序对于运营者来说是没有意义的。

小程序变现有很多方式可以利用，如广告、线下服务、电商导购、拓展增值等，都是运营者可以尝试的途径。只有通过这些方式获利变现，才能让小程序持续发展。

5. 推荐

用户主动将小程序推荐给别人，说明小程序让他们感到满意，满足了他们的某些需求。如果用户推荐率高，那么对小程序的推广会有积极的促进作用。

对于运营者来说，努力做好小程序，提高用户的推荐率，实际上就是为小程序做了免费的宣传和推广。用户之间的互相推荐不仅提升了小程序的打开率，也增加了一个重要的流量入口。

运营者对数据的分析一定是围绕业务目的展开的，如果对所有的数据都进行分析，那就会过于浪费时间和精力，与运营者的初衷并不相符。在各种数据中，用户数据是最能直观体现小程序运营状况的标志。因此，运营者一定要通过合理而恰当的途径，来做透用户数据分析。

微商运营小贴士 ▶▶

总体来说，通过用户数据分析来研判用户特点、诉求等，可以获得市场规律的变化，以便掌握用户的整体趋向，为小程序的持续发展找到方向。

深入优化，给用户更好的使用体验

在运营实践中不难发现，用户的需求总在不断变化。运营者想要持续不断地吸引用户的目光，增强用户黏性，就要不断优化小程序，给用户带去更好的使用体验。

通常来说，对小程序的优化可以从以下几个方面着手。

1. 更契合用户的需求

用户愿意使用小程序，主要是因为它能满足自己的某种需求。想要吸引用户，让用户长期对小程序保持信任，运营者就要不断优化小程序的功能，让用户不断变化的需求始终能够得到满足。

2．更强的实用性

实用性是小程序吸引用户的一大法宝，很多小程序之所以受到用户欢迎，就是因为它们能为用户提供实实在在的使用价值。小程序没有烦琐的功能，能高效地为用户解决某些痛点。运营者要坚持在功能简单、实用这一核心价值的基础上，不断优化小程序，让它越来越完善，为用户提供更多的价值。

3．更完美的用户体验

用户对一款小程序有何种评价，与他们的使用体验有着密切的关系。如果用户的使用体验较好，他们就会非常喜欢小程序，会常常使用甚至收藏；如果用户的使用体验不好，他们就会对小程序心怀不满，很可能以后都不会再使用这款小程序。因此，运营者要尝试给用户更完美的使用体验，这样才能留住用户，乃至将用户变成忠诚用户。

4．更流畅的界面

小程序胜在"小"字，为了达到操作便捷的目标，只保留了一些基本功能，内容也非常简单，所以界面的流畅度一般是令用户十分满意的。只不过，小程序运营久了，难免会出现一些系统方面的漏洞。为了减少因系统问题而令界面卡顿的情况出现，运营者需要时常关注小程序，让用户能够更流畅地使用小程序。

社会在不断发展，用户的要求在不断提高，这就要求运营者对小程序也要不断优化。从用户的需求出发，让用户切身感受到小程序的变化，给用户更好的使用体验，才能让用户长期对小程序保持关注，小程序才能不断发展和更新。

微商运营小贴士 ▶▶

　　小程序的优化过程就是运营者不断自我检查的过程。只有将更好地满足用户需求和给予用户更好的使用体验作为追求的目标，才能紧紧抓住用户的心，让小程序迎来更多、更好的发展契机。

第五篇

朋友圈

　　随着科学技术的不断发展，人们的生活越来越离不开网络。尤其是网络购物的出现，让人们体验到了便捷、高效的购物模式。朋友圈作为运营者引流的重要阵地，早已走进人们的生活，给人们带来了新的生活和购物方式。

第十九章

塑造个人形象，优化朋友圈设置

头像是朋友圈中的最佳广告位

在现代营销中，有一个重要的概念——视觉营销。这种营销方式注重给客户带来视觉上的冲击，以此刺激客户产生关注乃至购买行为。

通过朋友圈进行引流，当然也要重视视觉方面的因素，力求通过视觉刺激来吸引用户关注。点击进入朋友圈，用户首先看到的就是微信头像，因此可以说头像是给用户带来视觉冲击的第一要素。

头像图片虽然很小，但是能在第一时间吸引用户的目光。毫不夸张地说，头像是朋友圈中的最佳广告位，运营者一定要充分加以利用，实现营销效果最大化。

在日常交往中不难发现，不同的人会设置不同的微信头像，而不同的头像又会给人不同的感受。微商运营者要根据个人及产品的定位，去选择合适的头像。通过头像传递的有价值的信息越多，越能引起用户的关注。

在一般情况下，用户可以从以下几个类型去衡量应该选择怎样的头像。

1. 个人品牌

如果运营者主打个人品牌，则可以用个人照片或具有代表性的产品照片作为微信头像，这样更具个性，新颖度更高，对宣传更有帮助。

2. 本地店铺

如果运营者在本地有实体店铺，则可以用店铺的照片作为微信头像，这样更能给用户留下深刻的印象，也便于用户到实体店铺购物。

3. 代理商品

如果运营者代理别人的产品，那么可以把该产品的代言人的照片当作微信头像，这样会更有说服力和吸引力。而且代言人往往自带流量，可以为微信账号引流。

4．企业品牌

如果运营者主要推广企业品牌，那么可以选择企业Logo作为微信头像，这样的头像辨识度更高，更容易吸引用户的目光。

不同的头像会让用户产生不同的印象和感觉，他们的感受又会对下一步的行为产生影响。作为运营者，应该充分考虑用户的需求和心理状态，选择最能吸引用户的头像，以求对运营产生更大的推进作用。

微商运营小贴士 ▶▶

　　运营者选择的头像一定要能给用户带来安全感和真实感，这样他们才会愿意相信运营者。毕竟，一切的成功营销都要建立在信任的基础上。

选定识别度高的昵称，有利于品牌传播

如果说微信头像给用户带来的是第一视觉形象，昵称给用户带来的则是第一文字形象。从营销的角度来说，好的昵称不仅要便于记忆、易于传播，还要有比较高的识别度。尤其是在网络世界中，很容易出现昵称相似的情况。只有取好昵称，才能对营销产生正向的促进作用。

在微信朋友圈中，昵称可谓多种多样、风格各异。选择一个更加符合产品定位和用户群体特征的昵称，才能吸引用户的目光。如果这个昵称别具一格，能给用户新颖独特的感觉，那么他们一定会对该昵称产生深刻的印象。

通常来说，在选择昵称时需要考虑以下几个要素。

1．记忆性强

简单好记，让用户看到之后就能记住。想从数以亿计的昵称中脱颖而出，

便于记忆这一要素千万不能忽视。

2. 关联性强

与产品或品牌有所关联，让用户看到之后就能产生联想。只有这样，用户才能对产品或品牌产生更加深刻的印象。

3. 独特性强

具有唯一性，让用户看到产品的与众不同之处。独特性越强，给客户带来的冲击力就越大，就越能吸引用户的目光。

上述几个需要考虑的因素可以说是选择昵称的总体指向。在具体的运营实践中，运营者比较常用的取名方法有以下几种。

1. 真实取名法

真实取名法，顾名思义，就是用自己的真实姓名或企业名称作为微信名。这种方法真实性强，更容易赢得用户的信任。

2. 虚拟取名法

采用这种方法取名，用户可以选择艺名、笔名等。这种方法具有神秘感，可以吸引用户。但是，千万不要总是更换名字，以免令用户产生混乱的记忆。

3. 创意取名法

采用这种方法取名，用户可以发挥的空间比较大，同音、谐音等都是比较常用的方法。这种方法需要运营者具有发散思维，可以想出与众不同的名字。

4. 组合取名法

这种取名方法是一种比较常规的方法，比较常用的有"中文名+英文名""中文名+数字""英文名+数字"等。这种方法可以让用户一目了然，给他们留下深刻的印象。

5. 符号取名法

这种取名方法就是在昵称中加入符号、表情等。这种方法活泼、新颖，能给用户留下不一样的印象。

6. 特殊位置取名法

这是一种相对特殊的取名方法，就是将自己的电话号码缩放在名称的右上方。由于操作难度大，在实际应用中使用这种方法的人并不多。采用这种方法取名，需要"上标电话号码生成器"程序的帮助，只要按照它的要求进行操作，即可完成昵称的设置。

由上述内容不难看出，运营者选取昵称的方法有很多种，每种方法都有其自身的特点和优势。运营者选择哪种取名方法，可以依据自身情况而定。但是，无论怎样，都要谨记选取昵称的几个要素。只有这样，才能选定符合市场要求的昵称，为品牌传播贡献力量。

微商运营小贴士 ▶▶

简单易记的昵称能让用户在极短的时间内就产生记忆效果，可以迅速拉近运营者与用户之间的距离，有益于增强用户的黏性。

个性签名=自身性格+能力

对于运营者来说，微信账号的个性签名是展现个人性格、能力、品位的一种方式。从某种角度来说，个性签名是运营者给自己贴的标签，可以帮助用户在极短的时间内对运营者有一个大概的认知。

运营者选择什么样的个性签名，取决于最终想要实现的目标，或者想给用户留下怎样的印象。一个好的个性签名可以给用户留下良好的第一印象，让用户对微信账号产生更多的关注。因此，为了吸引更多的用户，运营者需要在个性签名上多下一些功夫。

通常来说，运营者设置个性签名的方式有以下几种。

1. 个人风格式

这是一种比较常用的设置个性签名的方式，运营者可以根据自己的特点、习惯、喜好等去编写个性签名，以便充分展现个人的风格。使用这种方式的人群比较广泛，大多数微信用户都会选择这种风格。

2. 产品推介式

顾名思义，这种设置方式就是在个性签名中介绍产品或店铺、企业的相关信息，向用户进行推介。这种方式是很多销售人员的首选，虽然看起来简单粗暴，但是比较聚焦，能够精准引流。

3. 成果展示式

这种设置方式是在个性签名中融入相关人员的成果，以相关领域的成就来吸引用户。这种方式具有较强的权威性，对用户有更强的说服力。想要使用这种方式，运营者就要有一定的创作和规划能力，合理、巧妙地宣传成果，才能起到良好的营销效果。

在挖掘粉丝的过程中，个性签名占据着非常重要的位置。通过个性签名让粉丝对运营者产生深刻的印象，进而逐步吸引粉丝，循序渐进地与粉丝建立起亲密的关系。

微商运营小贴士 ▶▶

运营者在设置微信账号的个性签名时，不仅要考虑自身的性格、能力等因素，也要考虑产品的特点、定位等因素。只有将各种因素综合加以考虑，才能找到最贴切的个性签名，发挥个性签名的最大功效。

选择优质背景封面，全面展示产品

朋友圈的背景封面其实就是微信的主题照片。之所以将它称为背景封面，是因为它位于朋友圈头像的后面，就像头像照片的背景一样。

从头像和主题照片的摆放位置就可以看出，微信头像确实是最佳的广告位；可是，如果从展示效果来说，主题照片广告位的价值显然更大一些。

至于其中的原因，其实并不难理解。毕竟，主题照片占据更大的空间，可以放置更大的图片和更多的文字，可以更加全面、充分地展示运营者的个性、特点等，也为全面展示产品提供了一个渠道。

具体如何选择主题照片，以下几点需要运营者加以留心。

1. 要与朋友圈主题有关

既然是主题照片，显然要与朋友圈的主题有关，而且关联度越高越好。通过主题照片让用户一眼就看出朋友圈的主题所在，对双方来说都是事半功倍的好做法。

2. 清晰度要有保证

清晰度高的主题照片能给用户更好的观感体验，减少了用户的疲劳感，也能更加准确地表达运营者的意图，传递更加精准的信息。

3. 版权问题需要考量

不是所有的照片都能当作朋友圈的主题照片的，尤其是有版权的照片，运营者更应该敬而远之。否则，一旦侵权，运营者将会面临很大的麻烦。

4. 尺寸要大小适当

放置主题照片的空间有限，只有使用尺寸适当的照片，才能充分利用空间，实现空间价值的最大化。因此，运营者在确定照片之前要有所抉择。

主题照片的选择对朋友圈的定位、吸引力等都有一定的影响，运营者需要加以重视。如果运营者可以充分利用主题照片去传递营销信息，那么用户往往能在第一时间看到，由此受到更加直接的影响。

微商运营小贴士 ▶▶

一个优秀的朋友圈商家往往可以充分、合理地利用每个小细节来展开营销。设置背景封面并不难，但是在选择照片时应该进行全面考量。

第二十章

运营朋友圈，掌握关键技巧

互相推荐，引爆粉丝圈

对于很多使用微信的人来说，刷朋友圈是每天必须要做的一件事情。在这里，微信用户不仅可以发现许多有趣的事情，还能与志趣相投的人展开网上社交。可以说，朋友圈是一个展现个人观点、生活方式、社会经验等内容的重要阵地。

每天在朋友圈里发布消息的人数以亿计，关注别人和被人关注的用户都喜欢在这里曝光自己的工作、生活等。可以说，朋友圈是一个巨大的流量池，也是一个无与伦比的免费广告位。微商运营者如果想在微商市场上发力，那么朋友圈是一个不得不关注的市场。

在朋友圈中，无论是卖产品还是引流，都有很好的运营渠道和推广方式。在诸多方式中，与其他微信用户互相推荐，是快速引爆粉丝圈的高效手段之一。

具体来说，互相推荐的常见形式有以下几种。

1. 亲朋好友推荐

这种推荐类型是最常见的，在实际运用中使用频率最高。亲朋好友之间的关系比较亲密，沟通交流起来也比较顺畅，彼此进行互相推荐，可以提升各自的流量。

2. 粉丝推荐

粉丝对运营者的一举一动都十分关注，他们希望运营者能有更好的发展，所以通常会主动将朋友圈中的一些信息推荐给身边的亲人和朋友。这种推荐类型成本较低，只要运营者能创作出优质的朋友圈内容，那么主动推荐就会一直持续下去。

3. 微信大咖推荐

通常来说，微信大咖在朋友圈中具有强大的号召力，如果能得到微信大咖的推荐，那么引流将会变得非常简单。当然，想让微信大咖帮忙推荐，运营者或者与微信大咖本身就有密切的关系，或者与微信大咖有合作的关系。

4. 陌生人推荐

很多运营者觉得与陌生人很难做到互相推荐，实际上不然。陌生人之间只要能互惠互利，实现双赢，那么互相为对方推荐就不难。

每个人都或多或少地有一些微信好友，通过互相推荐，可以将对方好友中隐藏的流量吸引过来。在互相推荐的模式中，即便是陌生人，只要双方达成某种共识，确保双方都能在互相推荐中获利，那么双方就能形成合作关系。

在朋友圈中通过互相推荐进行引流，其实是一件非常简单的事情。不仅粉丝数量可以在互相推荐中迅速增加，吸引来的粉丝也都是非常精准和有价值的。对于微商运营者来说，这种引流方式的性价比较高，值得尝试。

微商运营小贴士 ▶▶

互相推荐引流，并不是随便找个微信用户就可以的。即便是自带流量的大咖，其形象也要与运营者的产品定位相符才行。否则，与对方的合作就很难达到1+1＞2的效果。

免费福利，促使用户转发、分享

对于微商运营者来说，朋友圈是一个很好的积累人气、获得粉丝的平台。但是，恰恰因为众多运营者都看到了朋友圈带来的商机，所以不断有人涌入，令运营者的压力越来越大。

在人数众多的运营者中，用户为什么一定要选择我？为什么要成为我的粉丝？这样的问题，相信很多运营者都曾经自问过。其实粉丝愿意关注运营者，自然有他的道理。

简单来说，是因为运营者能够给用户带来价值，用户能从运营者那里得到自己需要的东西，满足自己的某种需求。在各种价值中，免费福利是颇受用户欢迎的价值之一。很多运营者正是通过为用户免费发放福利的方式，引导用户进行转发和分享的。

很多实际案例已经证明，用户对免费福利是缺乏免疫的，他们愿意通过自己的转发和分享，来换取运营者提供的免费福利。对于运营者来说，这是一大利好，是一个可以充分利用的推广方式。但是，如果运营者就此认为这种策略非常简单，那就大错特错了。

无论做什么样的免费活动，相关文案都是运营者必须用心撰写的。如果文案写得不好，就无法在用户中引发共鸣，那么最终的推广效果也很难令人满意。

在一般情况下，在写作文案的过程中需要注意以下几个方面。

1. 文案长度

一个好的文案，长度不宜过长，只要能将文案的主要内容及想要传递的信息介绍清楚就可以。过长的文案会让用户产生阅读疲劳，很可能导致用户放弃阅读。一旦出现这种情况，那么运营者创作的文案不仅无法吸引用户，还可能导致大量用户流失。

2. 图片配置

如今，很多运营者在创作文案时喜欢配置一些图片，一是为了增加文案的灵活性，二是提升用户的阅读体验。可是，有些运营者对图片的运用没有节制，使得文案占据过大的空间，令用户在阅读过程中出现卡顿、打开不畅等情况，反而降低了用户的阅读体验。所以，文案中的图片不宜过多，只要起到锦上添花的作用即可。

3. 福利先行

答应给用户的福利，一定要按照承诺及时发放。因为发放福利不仅是激励的手段，也是检验运营者诚信度的标尺。如果运营者做不到这一点，那么难免会给用户留下言而无信的印象，严重影响运营者的个人信誉。一旦信誉受损，想要弥补便是非常困难的事情。运营者对此应该有正确的认识，而且要更多地给予关注。

4.关注细节

一个优秀的文案由许多部分构成，很多细节部分，如结构、版式等，也会对用户的阅读体验造成影响。因此，关注每个细节，尽量做到尽善尽美，才能在用户中产生更加广泛的影响力。

对于免费的东西，人们总是充满向往，而且永远不会觉得多。通过发放免费福利的方式，可以更加高效地吸引用户，进而提升转发、分享的效率。虽然购买福利产品需要一定的成本，但是从推广效果来说，这样的付出是物超所值的。

微商运营者想要在微商领域获得成功，就不能计较这些较小的成本，而应该从长远的角度来看待每个运营活动，只要能对运营产生积极的推动作用，且在自己的承受范围之内，那就应该积极尝试和投身其中。

如果运营者只是将关注点放在免费福利会让自己付出更多的成本上，那只能说运营者的观点是有失偏颇的。要知道，免费福利的发放并不是毫无限度的，在运营过程中应该根据实际效果，来确定给予何种程度的福利。

微商运营小贴士 ▶▶

在这种以免费福利换取转发、分享的推广方式中，用户的积极性与福利的发放速度有着很大的关系。运营者需要及时兑现自己的承诺，才能不断吸引新的用户进行转发、分享。

巧妙晒单，激发用户购买欲

在朋友圈里做产品营销和推广，不仅要发布与产品相关的营销软文，还要配上产品的真实图片和相关信息。这样做的目的是让用户对产品有比较详细的了解，进而吸引他们购买产品。对于微商运营者来说，这是常规的营销手段，每个运营者都应该掌握。

另外，运营者还要掌握一项技巧，那就是晒单。晒单的内容可以是成功的交易单、快递单，或者用户的优质评论，还可以是运营者大量发货的图片，等等。晒单的目的是让用户产生信任感，激发他们的购买欲望。

所谓"耳听为虚，眼见为实"，当真实的交易图片呈现在用户面前时，其说服力显然更强一些。当然，在晒单的过程中，有两个事项还需要注意一下，以免起到相反的作用。

1. 适度晒单

凡事都应该有一个限度，晒单也不例外。运营者如果过度晒单，就会让用户产生运营者在刷屏的感觉。而对于大多数人来说，刷屏都是难以接受的。因此，运营者可以通过刷单的形式来实现引流，但是一定要控制晒单频率和次数，只有适度晒单，才能起到积极的作用。

2. 真实晒单

晒单的目的是让用户产生信任感，进而产生购物的欲望。如果单据是假的，那么用户就会对运营者产生怀疑甚至反感心理，这显然与晒单的目的背道而驰。因此，运营者晒出的单据一定要确保真实性，以诚信为本才能真正吸引用户。

参照实际运营情况不难发现，晒单的行为确实能在一定程度上激发用户的好奇心和购买欲望，他们对运营者的信任度也有所提升。也就是说，这种方式确实对朋友圈的运营有积极的促进作用，运营者完全可以合理地加以运用。

微商运营小贴士 ▶▶

在晒单的过程中，运营者不仅要有所节制，懂得适可而止，插入的广告也不能太过生硬，以免让用户产生不满的情绪，影响引流的效果。

晒出好评，事实是最有说服力的广告

在朋友圈里做营销的一个优势在于，运营者可以通过用户的评论来分析用户的行为，从中发现他们对产品的看法，以便找到优化的方法。

不仅如此，运营者还可以从用户的评论中挑选一些好评晒出来，用事实说服用户，会比运营者花钱做广告更有说服力。

通常来说，微商运营者晒好评的渠道有以下两个。

1. 微信朋友圈

如今，越来越多的人通过微信平台购物和付款。有很多人在朋友圈里进行营销，用户可以在这里找到各种各样的商品，也可以在购物之后对产品做出评价。微商运营者可以从朋友圈的评论中截取用户的好评，然后在各大社交平台上发布。

2. 电商平台

如今，随着电商行业的兴起，各种电商平台上的用户越来越多，在电商平台上对产品进行评论的人也越来越多。在朋友圈里做营销的运营者可以从电商平台截取所售产品的好评，发布到朋友圈，或者在详情介绍中贴出好评的截图，以便获取用户的信任。

随着微商行业的兴起，越来越多的人投身其中，这既带来了竞争，也带来了新的机会。将朋友圈和电商平台结合在一起，两者互相扶持、互为依靠，可以在一定程度上吸引更多的粉丝，带来更多的流量。

微商运营小贴士 ▶▶

用户的好评是对产品最大的支持，是运营者说服新用户的极佳武器。对于用户来说，其他用户的好评是最有说服力的广告和推荐词。

第二十一章
维护粉丝，降低"粉转黑"的概率

维系老客户，拉动销售总量

在营销过程中，很多运营者都会犯一个非常低级的错误，那就是一旦与用户完成交易，便不再对他们投入时间和精力，也不会去维系与老客户之间的关系。一旦运营者忽视与老客户的联络，他们与老客户之间的关系就会变得疏远，以致老客户变成陌生人。如果出现这种情况，那么运营者之前所做的一切努力都将付之东流。

因此，运营者应该主动与客户保持联络，时常与他们在朋友圈里互动，不断挖掘他们的潜在价值，从而带动整体销量的上升。

通常来说，维系老客户能够带来的好处有以下几项。

1. 降低开发客户的成本

对于微商运营者来说，维系老客户的成本远远少于开发新客户的成本。其中的原因不难理解，开发新客户需要投入大量的人力、物力、财力，还无法很快见效。在成功开发新客户之前，运营者需要持续不断地投入。老客户则不一样，只需要投入少量的资金维系与他们的关系，就能将他们留住。

2. 老客户会带来新客户

稳定的老客户不仅能带来稳定的销售量，还会为运营者推荐新客户，带动新的销售。在运营实践中不难发现，相较于运营者的推荐和宣传，新客户更愿意相信老客户的推荐。尤其是老客户以亲朋好友的身份向身边的人推荐产品时，身边的人更容易变成运营者的新客户。

3. 提升整体销售额

老客户对运营者本身已有较高的忠诚度，在购买产品时通常不会考虑其他的选项，因此会给运营者带来销售额。再加上他们会源源不断地带来新客户，使得运营者的客户数量不断增加，销售额随之不断上涨。

4. 营销成功率较高

由于老客户与运营者之间有比较良好的合作关系，所以当运营者向他们推荐产品时，他们的接受程度会更高一些。对于运营者来说，营销的成功率自然也更高。

由此可见，运营者应该在维系老客户方面多投入一些时间和精力，尽量把他们的潜力挖掘出来，这样才能更高效地展开营销。

微商运营小贴士 ▶▶

对于维系老客户能够带来的益处，许多运营者已经有所感受，只是在实际操作中，有些运营者没能充分利用老客户带来的优势。

与粉丝成为利益共同体

在传统营销模式中，营销者会将自己的利益与客户的利益捆绑在一起，也就是与客户形成利益共同体。这样做的好处在于，客户能够切身感受到自己的利益与营销者的利益密切相关，为了获得利益最大化，客户往往愿意与营销者协同合作。

在朋友圈运营中，这种方法同样适用。虽然营销方法和平台都有所变化，但是其中蕴含的营销知识并没有太大的变化。也就是说，通过朋友圈做运营，运营者可以尝试与粉丝建立利益共同体。

如果一个微商运营者只顾及个人利益，将粉丝的利益弃之不顾，那么粉丝一定会对他产生失望情绪，往后也不愿与运营者建立亲密的关系。换句话说，一旦粉丝对运营者失去了信任，那么双方的关系就会出现裂痕，难以修复。

假如真的出现这种情况，那么微商运营者可就得不偿失了。为了一点点的利益，就将之前辛辛苦苦建立起来的关系全部打破，甚至连粉丝背后的潜在粉丝也都放弃了。对于运营者来说，这绝对是难以接受的巨大损失。

但是，假如运营者和粉丝之间形成了利益共同体，双方利益密切相关，就不会出现上述情况。

在利益共同体中，运营者和粉丝之间的关系是合作共赢，而不是针锋相对，双方为了实现共同的目标而努力，往往可以迸发出巨大的能量，为朋友圈运营带来新的机会。

微商运营小贴士 ▶▶

　　微商运营者将个人的利益与粉丝的利益捆绑在一起，不仅顾全了眼前的利益，还为粉丝的维系奠定了坚实的基础。

邀请客户参与运营，提升他们的成就感

管理大师普拉哈拉德认为，一股革命性的力量正在逐步形成，未来企业的竞争将以个体为中心，由消费者和企业共同创造价值。之所以产生这样的认知，是因为随着互联网的发展，消费者正越来越多地参与到企业生产、销售产品的整个流程中。消费者的参与度越高，对产品的热情度就越高，也就越有可能成为产品的忠实拥趸。

从微商运营的层面来说，客户不仅能为微商运营者带来利益，还能提供有价值的建议。因此，在整个运营过程中，运营者都要积极邀请客户参与其中，努力提升客户的参与热情，让客户产生更强烈的成就感，并力争将潜在客户变成自己的核心客户甚至粉丝。

在繁杂而庞大的互联网体系中，微商运营者与客户之间的关系正变得越来

越紧密、透明和直接。在运营者的朋友圈从无到有、从默默无闻到引爆市场的整个过程中，都少不了客户的积极参与。

在互联网中，客户的参与感是一种能量交换。当我们在网络上分享视频、图片时，共享的其实不仅仅是这两件事物，还有这两件事物给我们带来的情感反应。

想让客户更多地参与进来，提升他们的参与感，一般可以从以下三个方面入手。

1. 鼓励客户亲身体验

所谓"百闻不如一见"，只有让客户身临其境地参与到运营活动中，他们才能产生比较真实的感受，进而对产品留下较好的印象。

而且，运营者要在客户体验的过程中对客户进行适当的引导，鼓励他们提供优化意见，以便更好地满足客户的需求。

让客户在参与的过程中加强与运营者的关系，对产品产生更多的亲切感和认同感。这是提升推广效果的高效方法之一，也是提升客户参与感的有效手段之一。运营者可以在运营过程中多加尝试和使用，相信会对运营效果产生较大的促进作用。

2. 带动客户参与问答活动

在很多营销活动中，微商运营者都会通过有奖问答的方式来吸引客户。而且事实已经证明，"有奖"两个字对客户有很大的吸引力。

运营者会适当地提出一些问题，以便吸引客户参与到互动中。问题的类型可以多种多样，提问的角度也会有所不同，但是问题都和营销主题有紧密的联系，客户在回答问题的过程中，不知不觉就参与到营销过程中。

这种方式可以有效地提升客户的关注度和参与度，让客户在互动中增加对产品的了解，获得更多有价值的信息。当客户被产品的某种价值吸引时，他们往往会做出购买决定。

3. 及时、准确地解答客户的疑惑

客户的参与度越高，参与次数越多，他们对运营活动的了解也就越多，随

之而来的便是客户对产品和运营过程会有更多的疑问。

他们的疑问可能来自各个层面和角度，涉及产品和运营的各个方面，甚至有些疑问会让运营者觉得难以理解。可是，一旦出现这样的情况，运营者应该做的是及时、准确地解答客户的疑惑，让客户知道自己的产品能够满足他们的需求，能够为他们带来相应的价值。

只有不断提升客户的满意度，双方的关系才能越来越融洽，客户才愿意持续关注运营者，给运营者带来延续不断的利润。

随着互联网技术的高速发展，客户对同类、同质产品的了解越来越多，也有更多的参与运营的热情。运营者应该尽量满足客户的这种需求，让他们从中获得足够的成就感。只有这样，客户才会接受产品、爱上产品，并主动购买产品。

微商运营小贴士 ▶▶

不断给客户带来新鲜感和优良的体验，让他们主动参与到产品及品牌的运营中来，会对产品的持续优化产生积极的推动作用。运营者应该抓住这一点，不断激发客户的参与热情，进而持续增强彼此的联系。

做好VIP服务，重点客户留下来

不同类型的客户会给运营者和公司带来不同的利润和收入。在做朋友圈运营的过程中，运营者应该针对不同的客户，采取不同的维护方式。

在一般情况下，运营者80%的利润来自20%的客户，而剩下20%的利润则由其他80%的客户创造。也就是说，运营者应该对那些贡献了80%利润的重点客户给予更多的关注。毕竟，能以最小的代价换取最大的利益，是所有运营者追求的目标。

无论运营者在朋友圈里做什么产品的营销，都应该将客户按照一定的标准进行分类，这样做可以更好地做客户管理，能为客户提供最符合需求的产品和服务，从而更好地维护客户关系。

相信大部分微商运营者都知道做好VIP服务的重要性，也尝试过为重点客户提供个性化服务。但是，出于能力不足、资源不够等原因，呈现出的实际效果往往很难令人满意。

实际上，运营者只有做好以下几个方面的工作，才能维系好自己的重点客户。

1. 提升个人能力

重点客户能够享受VIP服务，他们对运营者提供的产品和服务自然会有更高的要求。运营者想要为客户提供令他们满意的服务，就要不断学习，提升个人能力。只有在能力匹配的情况下，才能为客户提供优质的服务，从而长期与客户保持良好的关系。

2. 保持紧密沟通

重点客户的重要性不言而喻，运营者应该与他们保持紧密的沟通，以便随时掌握客户的第一手资料，然后根据客户的实时状态提供相应的服务。一旦重点客户产生不满情绪，要第一时间为他们解决，只有这样，才能让客户产生更高的满意度。

3. 提供个性化服务

每个重点客户都会有独特的需求，对运营者提供的服务也会有不同的要求。运营者应该根据不同重点客户的实际情况，因人而异地提供个性化服务。这种悉心的安排和服务会让客户深受感动，可以有效拉近彼此之间的关系。

在许多运营案例中，我们都可以发现：比较稳定的客户群体，与运营者之间往往会有比较顺畅的沟通和合作，与这类客户做交易，运营者无须付出太多成本；流动性较大的客户群体，需要运营者付出更多的时间、精力等去维护，无形中增加了成本支出。从创收的角度来说，稳定的客户群体能为运营者带来更多的收益。

可见，维护稳定的客户群体，对于微商运营者来说十分重要。尤其是对重点客户的维护，运营者更应该加以重视，毕竟他们能为运营者带来大部分的收益和流量。只要牢牢抓住重点客户，运营者的销售业绩就不会受到太大的影响。

微商运营小贴士 ▶▶

重点客户是运营者的重要收入来源，运营者应该尽力为他们提供个性化服务，以保持这个客户群体的稳定。重点客户群体的稳定就意味着运营者的收入也相对稳定。

第六篇

微信群

在移动互联网时代，微信数以亿计的用户群为微信群运营提供了发展的土壤。微信群的一个显著特点是它需要互动才能产生价值，它比朋友圈有更大的影响力，比公众号有更强的穿透性，它是一个极具媒体价值的社交平台。

第二十二章
明确建群动机，运营起来更高效

锁定特定群体，提高产品销量

在传统营销中，"渠道为王"的说法十分盛行。随着时代的发展，"流量为王""客户为王"等说法被人们提出来。当然，在如今这个流量时代，"流量为王"并没有什么不妥。将客户放在"王"的位置上，则体现了营销者思维的转变。

对于微商运营者来说，这几种说法都有参考和利用的价值，但是具体到微信群运营中，每种说法又有其独特的解答。或者说，它们在不同的位置发挥着不同的作用。比如，"客户为王"是所有营销活动的宗旨，"流量为王"说明了微信群运营的目标是通过流量获得利益，"渠道为王"体现了微信群这一运营渠道的重要性。

许多运营者选择微信群这一渠道展开营销，正是看重了微信群本身就存在的巨大流量，如果方法得当，很容易就能实现引流，提高产品的销售量。实际上，这种以销售产品为动机建立起来的微信群，在微信群领域十分常见。

在微信群中做运营，有以下几个重要方面需要多加注意。

1. 销售能打动用户的产品

做营销的最终目的是售出产品，获得利益。这一点无论是在传统营销中还是在现代营销中，始终都未改变。在微信群中推广产品，自然也不例外。想要成功销售，运营者必须销售那些能够打动用户的产品。无论是产品的质量、价格，还是产品本身的性能、特质，都要满足用户的某些需求，能激发用户购买欲望的产品才是有销售价值的产品。

2. 建立外在联盟

在微信群中做营销，要对群成员的数量及活跃度进行考量。毕竟，想要在更大的范围内传播产品，往往需要群成员自主传播，而且他们的传播效果会比运营者自己传播的效果更好。鉴于这种情况，运营者可以创建一个囊括微信群成员的外在联盟，如微博群、QQ群等，然后在外在联盟中宣传产品，这样不仅可以拓展人际关系，还多了一个销售渠道。

3. 分享用户的优质反馈

做过营销的人都知道，自己说得再多、再好，都不如其他用户的一句赞美。其中的缘由不难理解：运营者介绍产品，难免有"王婆卖瓜，自卖自夸"的嫌疑，用户通常都带有极强的防备心理。可是，如果宣传的人不是运营者，而是一个真实的用户，那么他的话更容易博得其他用户的信任。所以，将用户的优质反馈与大家共同分享，会让更多的用户产生信任感，在接下来的沟通和销售中，这种信任感会起到很好的保障作用。

以销售产品、提高销量为动机建立起来的微信群，由于其目的明确，所以进群的人通常定位非常精准，他们具有相同的兴趣爱好，或者对某种产品有明确的需求。在这样的前提下展开营销，交易会更加顺畅地达成。

微商运营小贴士 ▶▶

在分享用户的反馈时，真实性是必须保证的。如果运营者心存侥幸，用虚假的信息去蒙蔽用户，那终将会搬起石头砸自己的脚。

建立社交圈，扩大人脉资源

如今，很多人都通过微信群建立了自己的朋友圈，但是这个圈子和真正的社交圈有很大的差距。因为无论从哪个角度来说，微信群的信息量、真实度及活跃度都无法与真实社交相提并论。

那么，为什么还有这么多的人在微信群里展开社交活动呢？原因其实很简单。微信群是一个新兴的社交渠道，对追求新颖事物和有刚需的群体有着极大的吸引力，尽管它也存在一定的不足，但在快捷性上，它的优势十分明显。

对于商业人士和媒体人士来说，微信群是他们不可或缺的社交渠道。还有很多人建立微信群的目的就是在这里打造新的社交圈。

关于打造社交圈，下面两点需要运营者引起重视。

1. 建立信任是良好社交的前提

想在微信群中建立属于自己的社交圈，首先要赢得群成员的信任，这是打造良好社交的前提条件。无论微商运营者以什么样的身份出现，都应该将维护微信群的正常运转当作自己的责任。一个敢于担当、为别人甘愿奉献的人，往往会让群成员信任。

2. 活跃度是人际关系的催化剂

一个微信群中的成员有很多，每个人性格各异，兴趣也有所不同。即便这些人因为信任聚集在一起，但是如果很少有人发言，微信群的活跃度就会很低。一旦活跃度不足，群成员之间的关系就会逐渐变淡，这对微商运营是非常不利的。因此，微商运营者需要想方设法去调动群内的氛围，让群成员积极参与交往，提升活跃度。

在一般情况下，提升微信群活跃度的方法有以下两种。

（1）群主定期召开群活动，在活动中引导群成员进行互动，这样可以让群成员增进了解，形成关系较为融洽的社交圈。

（2）群主带头参与聊天，抛砖引玉，吸引更多的群成员参与聊天，从而提升微信群的活跃度。

对于微商运营者来说，在朋友圈中建立社交圈，比展开真实社交更难一些。面对那些几乎未曾谋面的群成员，运营者需要以引领者的身份出现，将微信群的活跃度提升起来。在一个活跃的微信群中，群成员与群主之间及各个群成员之间都能逐渐产生信任，一旦成员稳定下来，社交圈就形成了。

微商运营小贴士 ▸▸

在一个微信群中，群主不仅可以通过群活动、聊天等来提升活跃度，还可以使用发红包等方式来吸引群成员的关注。但是，发红包的方式不能经常使用，因为财物带来的吸引力通常难以维持太久。

打造个人品牌，对群成员形成长期影响力

在尝试建立微信群的人中，有一部分是为了打造自己的品牌，希望通过微信群的广泛传播，让品牌在更广阔的范围内制造影响力。对于微商运营者来说，这种运营具有更长远的意义，对粉丝的快速增长也有推动作用。

在如今的商业模式中，打造个人品牌已经成为一种趋势。在不久的将来，运营者通过个人魅力来吸引客户的运营模式将会成为常规操作之一。这种模式能够给运营者带来长期的回报，具有较强的可操作性。

具体而言，微商运营者可以通过以下两种方法来做好运营。

1. 借助名人效应

名人是自带流量的一个群体，本身就具有巨大的光环。如果运营者有足够的财力，则可以与名人合作，请他们代言或做宣传，以求在最短的时间内扩大品牌的影响力。

运营者可以让名人加入微信群，让他与群成员进行互动，以便迅速提升微信群的活跃度，为产品的推广奠定基础。

2. 做好口碑宣传

想要打造品牌，离不开客户的好评和良好的口碑。在微信群中，群成员之

间的口口相传可以为产品树立好的口碑。但是，如果想在更大的范围内传播，运营者必须进行一些广告宣传。如果客户在使用之后确实对产品非常满意，他们就会主动为产品免费宣传。

打造个人品牌的优势在于，运营者可以通过个人魅力去吸引粉丝，继而将粉丝引流到自有品牌上。也就是说，这种运营方式既提升了运营者的名气，又为品牌带来了流量，真可谓一举两得。

微商运营小贴士 ▶▶

在做口碑宣传的过程中，用户的评价能发挥巨大的作用。运营者可以在微信群中发布用户优质评价的截图，用事实来说服其他用户购买产品。

吸引粉丝，精准挖掘新客户

对于微商运营者来说，想要在微信群中做好营销，自然少不了粉丝的帮助和支持，只有借助粉丝的大力推广，产品才能在更广阔的范围内受到关注，才会赢得更多客户的认可。因此，一些运营者将吸引粉丝作为建群的目标，一切行动都围绕这一目标展开。

可惜的是，一些运营者虽然制定了相应的建群目标，但是在具体操作中时常陷入迷茫，他们并不知道怎样才能吸引粉丝，更不知道怎样才能精准挖掘新客户。

实际上，运营者只要能满足粉丝的需求，他们就会受到一定程度的吸引；一旦他们对品牌或产品产生了足够的信任，他们就会主动为产品的推广做出自己的贡献。

根据马斯洛的需求理论，每个人的需求都可以分为五个层次，从低到高依次为生理需求、安全需求、社交需求、尊重需求及自我实现需求。这五个层次的需求，虽然因人的具体需求而有所差异，但对整体而言，其普遍性毋庸置疑。

粉丝的需求当然也不会超出这些范围，只要能找到粉丝最迫切的需求，挖掘粉丝最大、最深切的痛点，运营者就可以采取相应的措施去吸引粉丝，实现引流。

就目前的市场而言，消费主力军是80后、90后群体，大部分粉丝也来自这个群体。所以说，只要抓住这部分人的特点和需求，往往就可以扩大粉丝群体，获得更大的销量。

一般来说，这些粉丝对产品有以下几种需求。

1. 良好的娱乐体验

如今这个时代，各种类型的网络平台如雨后春笋般涌现出来，给所有人提供了展示自己的机会。各种才艺展示、短视频等，对年轻的粉丝产生了巨大的影响。他们对娱乐体验有了比较高的要求，所以那些具有良好娱乐体验的产品更容易受到他们的关注。

微商运营者在做产品宣传时，可以适当融入能够激发粉丝热情的娱乐元素，并利用新媒体进行巧妙的营销，为粉丝带去较好的娱乐体验，才能吸引更多的粉丝。

2. 优质的心情体验

在一般情况下，年纪尚轻的粉丝会比较感性，往往更容易受到情绪的影响。面对一种新的产品，他们会非常看重自己的心情体验，并根据自己的心情体验做出相应的判断。

微商运营者想要吸引粉丝，就必须重视粉丝的心情，为粉丝提供不一样的心情体验。根据粉丝的不同群体、类型、特点等提供不同的产品，并进行有针对性的营销。

3. 极佳的功能体验

年轻人对新鲜事物充满好奇和渴望，总希望享受各种高科技给自己带来的便利。因此，他们对产品的功能体验十分在意，也希望产品具有便于操作的特点。

与众不同的功能体验往往会对年轻的粉丝产生较大的吸引力。运营者在展开宣传时，可以着重介绍产品的功能设计，让粉丝对功能体验产生兴趣，以此抓住粉丝的眼球。

除了上述几种比较重要的体验，年轻的粉丝群体对产品的视觉、听觉、触觉等也都有一定的要求。微商运营者要对这些因素进行综合考量，从中找到最能影响粉丝决策的关键体验，并据此对粉丝群体进行相应的划分，继而展开精准营销，成功挖掘新客户。

微商运营小贴士 ▶▶

粉丝对微信群运营的重要性不言而喻，吸引他们加入微信群的方法有很多，如红包奖励、发表文章等。无论采用哪种方法，做出决定的前提都是要慎重衡量各项因素。

第二十三章

组建运营团队，制定运营规则

群主：微信群运营的核心所在

在一个运营团队中，群主的位置无疑非常重要。他不仅是建群的人，更是维护、管理、运营微信群的核心人物。甚至可以说，群主就是微信群的主心骨，他对微信群的发展具有决定性的意义。

之所以这样说，是因为群主身为微信群的管理者，对微信群建设的方方面面工作都应该负有责任。如果群主对群建设毫不上心，那么微信群最终只能面临解散的结局。

那么，怎样才能成为一个优秀的群主，带领微信群不断发展壮大呢？群主应该担负起的责任主要包括以下几个。

1. 活跃群气氛

在一般情况下，微信群中的成员彼此并不是太熟悉，尤其是在刚刚建群的时候，很多人几乎都是陌生人。所以，群成员之间没有积极的互动也是可以理解的。在这种情况下，群主必须担负起活跃群气氛的责任。比如，通过做游戏、答题赢奖等方式来激发群成员的参与热情。

2. 维护群秩序

一个优秀的微信群必然有一定的运营规则，一旦有人做出违反规则的举动，群主就应该及时出面，维护微信群正常运转的秩序，并及时清理违规成员，为其他成员打造一个安全的社群环境。

3. 听取群成员的意见

微信群是所有成员共同的家，群主作为主要管理者，不仅要能冷静处理出现的问题，还要积极听取群成员的意见，大家齐心协力，携手促进微信群健康、规范地发展。

4．甘于奉献

群主不仅要善于管理，还要有奉献精神。群主愿意为群成员无私付出，就能在群成员的心里留下良好的印象。长此以往，群主自然会得到群成员的认可，使得管理和运营工作都变得更加轻松和顺畅。

由上述内容可以看出，群主不仅要有管理能力，还要有博大的胸怀和高尚的品质。只有做好自己，才能给群成员树立榜样，促使微信群不断向良好的方向发展。

微商运营小贴士 ▶▶

群主对微信群负有管理责任，并不代表群主可以决定一切。适当听取群成员的意见，并从中找到有利于微信群发展的有益建议，这会让群成员更有参与感。

意见领袖：带动氛围的灵魂人物

在一个微信群中，不同的成员会有不同的定位。通常来说，在一个微信群中会有10%的意见领袖，他们是带动群氛围的灵魂人物；其余的群成员往往需要意见领袖的带动。

所谓意见领袖，就是微信群中具有较大影响力的人，或者微信群中的红人，他们往往拥有极强的号召力和感染力。群里的其他成员都很愿意与他们进行沟通和探讨，也很容易被他们的观点左右。如果运营者能在微信群中找到意见领袖，那么对于口碑的传播往往可以起到事半功倍的效果。

在一般情况下，意见领袖可以分为以下几种类型。

1．信息型

信息型的意见领袖往往有很多消息渠道和来源，对市场信息有相对较多的了解。他们不一定会购买产品，但是对产品的特点、营销情况等都有很清晰的认知。他们常常会在微信群中传播相关信息，起到了宣传的作用。

2．说服型

说服型的意见领袖非常喜欢为人出谋划策，有能力说服身边的人购买自己推荐的产品。他们热衷于点评自己使用过的产品，愿意将自己的使用体验分享给身边的人。受他们分享经验的影响，身边的人会认为他们对某种产品的评价具有权威性。

3．开拓型

开拓型的意见领袖通常乐于尝试各种新鲜事物，对新产品充满好奇心。在他们身边，总是有一群等着他们给出体验感受的人。他们喜欢用自己的使用体验和喜好去引导别人，让别人购买自己推荐的产品。

在营销过程中，如果运营者可以通过研究客户群体，准确地找到相应的意见领袖，就能找到口碑传播的圆心，以最快的速度、在最大的范围内进行口碑传播，充分发挥意见领袖的领导力和影响作用。

那么，怎么从群成员中找到意见领袖呢？通常来说，意见领袖应该具备以下特质。

1．有某项特长

意见领袖应该在某个方面具有突出的特长，如文笔好、会唱歌等，这一点恰恰是他们吸引其他群成员的地方。

2．有粉丝群体

意见领袖通常拥有一定数量的粉丝，这些粉丝是他们平时吸引来的，正是这些粉丝帮他们进行信息传播，让他们在微信群中具有一定的权威性。

3．擅长沟通

作为意见领袖，需要与其他群成员频繁进行沟通，所以要具备一定的沟通能力，这样才能让微信群的氛围变得更和谐。

4. 情商较高

意见领袖需要具备较高的情商，这样才能更好地处理与其他群成员之间的关系，解决可能出现的争执、矛盾等，否则他们很难在拥有几百个成员的微信群中成为意见领袖。

5. 时间充足

意见领袖通常需要有充足的时间，以便可以随时关注微信群的动态。当群内有人讨论问题时，他们可以及时参与其中。

6. 明星大咖

在很多微信群中，意见领袖往往是明星大咖。他们本身就在粉丝中有一定的影响力，所以他们的意见通常能被其他群成员接受。

在一个微信群中，意见领袖的引领作用毋庸置疑。微商运营者如果想让微信群的氛围始终保持活跃，一个很好的办法就是寻找更多的意见领袖，让意见领袖去带动身边的人，通常能起到比较好的传播效果。

微商运营小贴士 ▶▶

在一个微信群中，意见领袖并不一定是群主，群主也不一定是意见领袖，两者之间是相互支撑的关系，有可能重叠，也有可能不重叠。

管理员：发布消息、维护秩序的重要角色

对于群主来说，想要管理一个成员众多、活跃度较高的微信群并非易事。当他无法对微信群进行有效管理时，选出管理员来协助管理，将是一个非常好的运营办法。

群管理员在微信运营团队中占据着非常重要的位置，他们可以通过发布话题来帮助群主维护微信群的秩序，调动群成员的积极性，提高微信群的活跃度。

在一般情况下，在微信群中设置管理员的目的有以下几个。

1. 维护微信群的健康运营

微信群能够健康运营，对它的发展和群成员都有益处。在管理员的管理下，微信群的运营会变得更加规范，群成员可以在这里更加顺畅地交流。

2. 提升群成员的积极性

群成员的积极性越高，参与性越强，微信群的活跃度就越高。在群成员积极的沟通中，微信群成员的向心力和凝聚力都有极大的提升。

3. 让微信群的主题更突出

每个微信群都有自己的主题，管理员的管理工作会让微信群的主题更加突出，对一些志同道合的群成员将产生更大的吸引力。

由此不难看出，管理员在维护微信群秩序的过程中发挥了巨大的作用，是微信群运营团队不可或缺的组成部分。既然管理员担负如此重任，那么对他的要求就有很多。想要成为一名合格的微信群管理员，需要在各个方面更加严格地要求自己。

下面就从群管理员的职责方面，来说一说他们需要做好哪些事情。

（1）认真贯彻群主题、群宗旨，以平和的态度为群成员答疑解惑、处理问题。在群成员进行互动时，要以大局为重，维护群秩序和群成员的利益。

（2）做好微信群的日常管理工作，为新加入微信群的成员做好引导工作。当遇到突发状况时，可以随机应变，保证微信群的良性运营。

（3）对群成员进行日常维护，掌握群成员的动态；对群成员进行筛选、添加和优化，确保微信群有新鲜血液，以保证微信群时刻充满活力。

（4）对微信群中的消息进行有效管理，确保微信群的公开信息积极、正向；对发布不符合规则信息的成员及时做出处理，并及时删除不合规信息。

（5）通过主动发言、提醒等方式来维系群成员之间的正常交流，维持较好的沟通环境；热心回答群成员提出的问题，并努力帮他们解决问题。

（6）督促新入群的成员了解微信群的相关信息，并指导他们按照要求修改群名片；引导老成员与新成员建立联系，让群内的沟通氛围向好的方向发展。

对微商运营者而言，群管理员就像他们的管家一样，帮他们将微信群打理得井井有条。毫不夸张地说，选择一个优秀的管理员，会使运营工作变得更加高效、顺畅。

微商运营小贴士 ▶▶

　　相对管理微信群而言，创建微信群显然更简单一些。当微商运营者自己无法有效管理微信群时，选择一个优秀的管理员，让他代为管理，微信群将会更有秩序、更高效地运转。

运营规则：微信群健康有序发展的保障

所谓"无规矩不成方圆"，做任何事情都要遵循一定的规则。在做微信群运营时，自然也不例外。只有遵循一定的运营规则，微信群才能健康有序地发展壮大。

群运营规则（或称群规）是微信群必须具备的制度，也是一个微信群文化宗旨的体现。就像一家公司的员工需要遵守公司的规章制度一样，微信群成员也要遵守群运营规则。

要知道，微信群并不只是一个聊天、交流的平台，而是微商运营者吸引流量的重要阵地。想要让它更高效地发挥作用，运营者就要让群成员形成合力。大家只有向着共同的目标努力，才能让微信群蓬勃发展起来。

在实际运营中，以下两个方面应是运营者关注的重点内容。

1. 规则务必严格

任何一个有组织的微信群都会制定自己的运营规则，以此来约束群成员的行为。只有在群成员遵守规则、依规发表看法的情况下，微信群才能更好地发展。因此，在制定运营规则时，一定要坚持严格。如果规则只是不痛不痒的几句话，就无法对群成员产生震慑作用，一旦群成员经常破坏规则却不会受到制约，那么微信群将无法继续运营下去。

2. 适时重申规则

在制定运营规则之后，如果不主动在群里进行宣传，那么这些规则就会成为摆设，难以对群成员形成约束力。所以，群主、群管理员等人要适时地在微信群中重申运营规则。规则被重复的次数多了，群成员才会记得更牢靠。当群成员想要在群里发言时，在潜意识中就会受到运营规则的约束，这种良性的约束对微信群的健康发展至关重要。

微信群的运营规则是确保群成员都能享受健康运营环境的前提条件。规则的制定要符合全体成员的利益，能够为群成员创造一个良好的沟通环境；相对地，群成员在发言时也要遵循相应的规则。也就是说，运营规则不仅能为群成员提供保障，也会对群成员的行为进行约束。

微商运营小贴士 ▶▶

要求群成员遵守运营规则，是对微信群正常运营的保护措施。对于微商运营者来说，运营规则不应该只是一种约束，更应该是一种服务，一种为全体成员服务的重要机制。

第二十四章
培养种子用户，让裂变持续发生

种子用户存在的意义是什么

所谓种子用户，就是一个微信群最早的那批用户中，最认同微信群宗旨且希望能有更多人认可和加入这个微信群的用户。他们的数量不定，可以是几个人，也可以是几十个人、几百个人。他们有共同的爱好和追求，愿意伴随微信群一天天成长、壮大。他们就像种子长成庄稼一样，从一到二，从二到三，不断生发下去。

那么，种子用户存在的意义到底是什么呢？

1. 种子用户是基石

在自然界中，种子是发芽、生长、繁茂这一过程的根基，没有种子，各种植物就不会有枝繁叶茂的样子。种子用户在微信群中起到的作用就像自然界中的种子一样。

微商运营者要有一定数量的种子用户之后，才能展开下一步的引流，从而实现裂变。如果运营者连一定数量的种子用户都没有，那么后续的引流根本就不可能实现。所以说，种子用户是微信群发展和壮大的基石，也是进一步引流的前提。

2. 种子用户是标尺

所谓"物以类聚，人以群分"，微信群的种子用户具有什么属性，所吸引的其他成员往往也具有与其相同的属性。也就是说，种子用户的特性直接影响微信群将会吸纳怎样的成员。

也可以说，微信群的种子用户是衡量群成员的标尺，只有与种子用户性格相近、兴趣相投的人，才有可能成为微信群的成员。

对于种子用户对微信群的价值和意义，很多微商运营者都耳熟能详。只不过，在实际运营中，寻找种子用户却并非易事。毕竟，如今的市场充满竞争性，很多微商运营者根本没有足够的时间去慢慢培养种子用户。在这种情况下，微信群如果能找到种子用户，就显得更弥足珍贵了。

所以说，微商运营者一定要好好珍惜和利用自己的种子用户，让他们发挥最大的作用，这样微信群才能得到最大的发展。

微商运营小贴士 ▶▶

微信群中的种子用户是推动微信群不断向前发展的重要动力。在条件允许的情况下，运营者应该尝试自己去培养种子用户，然后通过种子用户去做推广和宣传。

种子用户有哪些显著特点

种子用户是微信群发展的基础，对微信群的健康成长有着非常积极的意义。通常来说，种子用户是微信群的基石，他们的观点和行为方式等都会对群内的其他成员产生很大的影响。

对于微商运营者来说，寻找和培养种子用户是一项重要的工作，虽然很难，但也不是毫无章法的。

在不同的微信群中，种子用户的表现力和行为方式也会有所不同。但是，就整体表现而言，种子用户还是具有一些共性的。那么，微商运营者应该怎样确定种子用户呢？

通常来说，运营者可以通过种子用户的特点去识别他们。种子用户比较常见的特点有以下几个。

1. 种子用户是真正支持运营者的初始用户

在建立微信群之初，会有一些初始用户，但并不是所有的初始用户都是种子用户，因为并不是每个初始用户都对运营者表示支持。只有那些真正支持运营者的初始用户才是种子用户。

在选择种子用户时，一定要尽量选择那些影响力大、活跃度高的初始用户。这种类型的初始用户能对微信群的发展产生更多的积极作用。他们的影响力会让其他群成员更愿意跟随，他们的活跃性则会让群成员之间的沟通更多，微信群的良好氛围会吸引更多的成员加入其中。

2. 种子用户的质量比数量更重要

在挑选种子用户时，运营者需要慎之又慎，只有高质量的种子用户才能为微信群的建设和发展贡献力量。如果只是追求数量，随意选择一些用户当作种子用户，那么低质量的种子用户可能就会给新的群成员带来负面影响，导致微信群走向歧途。

在创建和发展微信群的过程中，很多运营者会遇到种子用户的质量和数量无法同时令人满意的情况。面对困境，不同的运营者会做出不同的选择，但是，事实已经证明，坚持宁缺毋滥的运营者往往会成为最后的赢家。之所以如此，是因为高质量的种子用户才会真正将微信群当作自己的家，真正为微信群的发展献计献策。即便他们数量有限，也能发挥以一当十的作用。

3. 种子用户具有较高的活跃度

高质量的种子用户即便不经常购买运营者的产品，也会在微信群里保持比较高的活跃度。他们经常对产品发表一些优质的评价，带动其他群成员一起谈论和互动，提升了整个微信群的活跃度。

反过来说，如果种子用户平时很少发言，也不参与群成员的互动，那么其他成员也会随着种子用户而变得沉默寡言，这对微信群的活跃度将会造成毁灭性的打击。试想，一个谁都不发言、不互动的微信群，早晚会面临消亡的结局。

4. 种子用户能给出比较中肯的建议

真正的种子用户希望微信群向着好的方向发展，所以他们会提出比较中肯的建议，帮助运营者不断优化自己的产品。甚至，有些种子用户会投入一定的时间和精力去分析产品和竞品，找出两者的优劣。这样的种子用户对于运营者来说是非常宝贵的，一定要将他们牢牢抓住。

如果运营者对这样的种子用户视而不见，那么其他群成员难免会对运营者产生失望的情绪。他们会认为，无论为微信群做什么，无论为微信群付出多少，都不会得到运营者的认可和赞赏，做再多的事情也只不过是无用功而已。长期受到这种情绪的影响，群成员慢慢就会脱离运营者和微信群。从某种程度上说，运营者抓住了这种种子用户，其实就是抓住了大量的群成员。

由上述内容可以看出，微信群的种子用户是一个具有鲜明特点的群体。他们的存在，无论是对运营者还是对微信群的发展都具有重要的作用。运营者如果想借微信群做运营，就绝对不能忽视微信群的种子用户。运营者在管理微信群的过程中，可以着重关注具有上述特点的人。在对这些人进行考察之后，往往可以从中挑选出优质的种子用户。

微商运营小贴士 ▶▶

　　种子用户并不是越多越好，也不是互动越多越好，而是质量越高越好，互动中给出的建议越中肯越好。运营者在选择种子用户时，需要找到那些真心希望微信群蓬勃发展的成员。

发现种子用户的五个重要渠道

微信群创建好之后，运营者就要将注意力转移到如何寻找种子用户上，因为种子用户是吸引其他成员加入微信群的重要因素之一。

从某种角度来说，如果把微信群当作一个产品，那么发现种子用户其实就相当于为产品寻找新客户。按照这个思路，微商运营者可以借助各种渠道去发现种子用户。

对于运营者来说，比较常用的发现种子用户的渠道有以下几个。

1. 微信群

微商运营者可以写一篇文章，在文章里留下自己的联系方式，然后将文章推送到其他微信群中，精准地吸引一些人主动加入微信群。

2. QQ群

QQ拥有庞大的用户群，在这里可以通过搜索来寻找精准的客户群体。微商运营者可以写一篇含有联系方式的文章发布到QQ群中，或者将文章上传到QQ群的群文件夹里，供QQ群成员下载和阅读，进而吸引他们加入微信群。

3. 微博

微博同样拥有数量庞大的用户群，每天都有用户持续不断地更新微博。微商运营者可以通过有奖转发、阅读有礼等方式，吸引平台用户阅读自己的文章，进而将他们引流到微信群中。

4. 百度文库

与在QQ群中上传文章一样，微商运营者可以将文章上传到百度文库。一旦用户通过百度搜索相关内容，就可以发现文章及文章中的联系方式，进而主动与微商运营者联系。

5. 百度贴吧

微商运营者可以注册一个与微信群名称相同的贴吧，在里面发布帖子来引导平台用户关注微信群。或者可以在流量比较大的贴吧里留言、评论，在其中加入微信群的链接，以便贴吧用户轻松联系到微信群。

在运营实践中，发现种子用户的渠道有很多种，上述几种是使用率比较高、操作难度比较小的，对于大多数微商运营者来说都有比较强的实操性。运营者投入的时间越多，付出的劳动量越大，能够得到的收获也就越大。

> **微商运营小贴士 ▶▶**
>
> 发现种子用户的渠道多种多样，微商运营者可以使用的技巧也丰富多彩，各个渠道同时发力，进行更广范围的传播，往往可以取得事半功倍的效果。

设计发展方案，把"种子"吸引过来

对于种子用户对微信群运营的重要作用，微商运营者都有清晰而深刻的认知。正因为如此，运营者才千方百计地寻找种子用户，希望通过种子用户的带动，让微信群实现快速增长和引流。

既然"种子"的作用如此重要，那么运营者就有必要为他们单独设计发展方案，通过这种与众不同的待遇，吸引更多的"种子"加入微信群。

在运营实践中，微商运营者可以设计的发展方案应该包括以下几个重点。

1. 给予头衔

运营者要给种子用户一定的头衔，也就是许诺给他们一个身份，如联合发起人、联合创始人等，以此来彰显他们的地位，让他们体会到被尊重的感觉。

2. 给予奖励

运营者要给种子用户一定的物质奖励，以金钱来刺激他们加入微信群。一旦种子用户完成了约定中的工作，运营者就要及时兑现承诺。

3. 限制名额

运营者要将种子用户的名额限定在一个范围内，以便强调种子用户的特殊身份，增加对用户的吸引力。

4. 设立门槛

运营者会设立一定的门槛，普通用户想要成为种子用户，就必须达到某些要求。这能体现出种子用户的身份得之不易，让种子用户学会珍惜。

5. 制造归属感

运营者可以邀请用户参与到微信群的各项工作建设中，让用户感受到这个微信群是属于自己的。这样一来，种子用户就会更加努力地向外传播微信群的相关信息。

发展方案制定完成之后，运营者可通过朋友圈、微博、QQ等方式去发布相关计划，以吸引更多人加入计划。

微商运营小贴士 ▶▶

设计发展方案是一项十分艰难的工作，运营者需要考虑方方面面的因素。如资金、成本、人数、活动等，都会对种子用户的招募计划产生影响。

/附录
APPENDIX

腾讯家族新势力——视频号

在短视频领域中，抖音和快手占据了半壁江山，而2020年才投入运营的视频号绝对算得上后起之秀。

与其他短视频平台相比，视频号具有非常明显的特点和优势，最主要的就是它与微信生态系统有着密不可分的联系。可是，尽管微信拥有10亿级用户的超大流量池，但它并没有选择大张旗鼓地进行宣传，而是采取了逐步渗透的推广模式。

那么，如何才能抓住视频号带来的商机呢？这就需要运营者对视频号有一个全面、准确的认知。

一、视频号是短视频领域的新风口

微信进入被抖音和快手占据半壁江山的短视频领域，是经过深思熟虑之后做出的决定。视频号显著的特点和优势让它成为短视频领域的新风口。

1. 传播特点

在传播方面，视频号有以下几个特点。

（1）相较公众号而言，在视频号上发布内容的门槛比较低，运营者更容易参与其中。

（2）算法推荐机制多样化，社交推荐和个性化推荐并行，能让更多的人看见运营者发布的内容。

（3）依托微信生态系统，传播更便捷，分享范围更大。

2. 与其他短视频平台的区别

视频号刚一推出，就被很多人拿来与其他短视频平台做比较。经过对比和研究，可得出以下几个区别。

（1）视频号更加强调原创性，希望运营者更多地记录和创作，而不是转发或者照抄别人的创意。

（2）视频号支持运营者进行多样化创作，它不仅支持短视频形式，也支持图片形式，而且支持超过140个字的长文案。

（3）社交属性更显著，用户之间的黏性更强，参与者之间的信任度更高。

3. 商业价值

从长期来看，视频号必然是一条极佳的流量变现路径，其商业价值在未来也会得到彰显。

（1）视频号的出现，弥补了微信生态系统的短板。无论是个人还是企业，都能在这个平台上展示自己或产品。可以说，视频号是推广个人品牌和企业品牌的新平台。

（2）视频号出现之后，运营者可以在这里发布各种产品信息，有需求的用户通过点击链接可以直达购物平台，这样就逐渐构建起社交电商的闭环体系。

（3）在视频号的平台上，运营者可以更细致地将用户分类，从而挖掘更多的用户需求，发现更多的商机。

综上所述，视频号不仅具备其他短视频平台所不具备的传播机制，也有固有的运营、变现优势，还有更多、更大的有待挖掘的商业价值。说它是短视频领域的新风口，一点都不为过。对于想要抓住短视频红利的运营者来说，这是一个千载难逢的好机会。

二、视频号的基本操作方法

就运营方法而言，虽然视频号与其他短视频平台有相似之处，但是具体到操作过程，它们还是有一些差异的。

1. 创建视频号

做视频号运营，首先要做的就是创建自己的视频号。创建视频号的流程比较简单，分为以下几个步骤。

第一步，打开微信，点击"发现"按钮，可以看到视频号入口，点击进入视频号的界面。

第二步，找到界面右上角的"头像"按钮，点击一下，就能进入个人的视频号主页。

第三步，点击界面下方的"发表视频"或"发起直播"按钮，进入创建账号的界面。

第四步，依次填写"名字""性别""地区"等信息之后，就可以创建自己的视频号了。

在完成上述步骤之后，一个视频号就创建完成了。

2. 上传和发布作品

视频号平台对运营者上传和发布作品的数量并没有要求和限制，运营者可以根据自己的情况和需求自由选择作品的数量。上传和发布通常分为以下几个步骤。

第一步，进入个人视频号主页。

第二步，找到界面右上角的"头像"按钮，点击一下，进入下一个界面。

第三步，点击界面下方的"发表视频"按钮。

第四步，从弹出的"拍摄"和"从手机相册选择"按钮中选择一个，确定上传的作品。

第五步，视频上传完成后，为作品配上背景音乐。

第六步，依次完成"添加描述""#话题#""所在位置"等操作。

第七步，点击"发表"按钮，完成发布。

在操作上述步骤的过程中，运营者需要注意几个问题。比如，在发布时，直接用手机拍摄的作品，其拍摄质量往往不高，传播效果有限；使用"所在位置"功能，可以显示发布者的具体位置；短视频下方可显示的文案字数受到限制，通常不能超过60个字符；等等。

在视频号上上传和发布作品，操作步骤和过程与其他短视频平台有相通之处，所以运营者如果有在其他短视频平台上发布作品的经验，则往往可以轻松上手。

当然，视频号平台对运营者上传的视频和照片也会有一定的要求，运营者想要按自己的喜好随意发布，自然是无法实现的。

另外，视频号同时支持竖屏视频和横屏视频，运营者可以根据自己的需求选择合适的视频类型。

总之，在视频号平台上上传和发布作品，必须遵守平台的相关规定。这样平台才能正常运转，运营者才有更多的展示机会。

3. 视频号的相关设置

在视频号平台上，运营者可以设置和修改自己的头像、名字（昵称）、性别、地区等。这些信息不仅能展现个人特征，而且对吸引其他用户关注视频号具有积极的促进作用。

视频号设置方面的重点内容与公众号、朋友圈等相差无几。设计一个有吸引力的名字、选择一个辨识度高的头像、制作一个有冲击力的头图等操作，很多人已经轻车熟路，这里就不再赘述了。

4. 玩转视频号的技巧

作为一个相对新鲜的事物，视频号给运营者提供了新的变现渠道。与此同时，人们对它也充满了陌生感。想要玩转视频号，需要掌握一些有效的技巧。

（1）发现更多有趣、有价值的视频号，点击"关注"，从而获取更多信息和潜在的粉丝。

（2）转发或收藏比较喜欢的作品，激发更多用户参与讨论和互动，提高视频号的活跃度。

（3）在评论区与其他用户进行积极的互动，通过置顶、点赞、提示、引导等方式，来激发其他用户的评论热情，进而获得更多的评论。

总之，要想玩转视频号，不仅要学会上传和发布视频的方法，还要掌握相应的技巧，只有各种因素综合考量，才能顺利、高效地运营视频号。

三、视频号的内容策划

视频号的良好运营与其高质量的内容有着密不可分的关系。与内容策划相关的关键点有以下几个。

1. 抓住眼球，打造爆款

各类短视频平台上的短视频数量众多，更新频率奇高，要想从激烈的竞争中脱颖而出，唯有打造爆款才是上策。成为爆款的短视频通常具有以下几个特点。

（1）受众足够多，传播面足够广。关注短视频的人越多，就越容易成为爆款。

（2）能够直击用户痛点的短视频更容易引起共鸣，从而获得用户的认可。

（3）有独特切入点的短视频更具个性，特点更明显，能给用户带来不一样的冲击感。

在一个短视频中，想要同时融合多种吸睛因素通常不易实现，但能够做到这一点的运营者必然能在视频号领域中占据一席之地。

2. 厘清头绪，巧妙构思

创作短视频，首先是从构思开始的。一个巧妙的构思是短视频的主旨，能为拍摄指明方向。通常来说，比较常见的构建内容的思路有以下几种。

（1）情感类作品更容易激发用户的情感共鸣，受到他们的关注。

（2）实用性较强的作品能够为用户带来实实在在的益处，通常比较受欢迎。

（3）带有幽默感的作品能给用户带来愉悦的心情，往往会让用户心生向往。

（4）满是变化和反转的作品能让用户充满期待，好奇心让他们欲罢不能。

（5）前后呼应的作品能给用户带来圆满的感觉，这种大团圆的结局让他们倍感满足。

一个优质短视频作品的诞生，其源头都是巧妙的构思。思想决定行动，构思好了，才能拍得好。

3. 注意要点，制作封面

短视频的封面效果影响着用户对它的第一印象。一个吸睛的视频号封面，有助于提升短视频的打开率，带来更高的用户关注度。在制作短视频封面时，要注意以下几点。

（1）封面是短视频的脸面，要能体现短视频的主要内容，这样才能吸引有兴趣的用户点击观看。

（2）激发用户的好奇心。用户只有产生了好奇心，才会想知道短视频的内容是什么，才能促使他们点击观看。

（3）封面的识别度很重要，模糊不清的封面会让用户产生"封面和短视频都没档次"的感觉，很难吸引用户。

（4）一定要注意封面的尺寸，适当的才是最好的。

在制作封面的过程中，需要注意的问题还有许多。在具体的操作过程中，要不断进行总结，这样才能持续进步，做出令人满意的封面。

关于视频号的内容策划，有很多需要掌握的要点和需要学习的知识。全面地了解，准确地运用，将会让运营者的内容策划过程变得轻松、简单。

四、视频号的运营策略

视频号是短视频领域的新成员，在刚进入这一平台时，想方设法地做好运营，是大部分人的首要任务。具体而言，比较有效的运营策略有以下几个。

1. 找准定位，精准引流

做运营，找准定位很重要。如果定位出现偏差，那么，无论短视频的内容多么吸引人，最终的效果都是难以令人满意的。具体而言，可以从以下几个方面做好定位。

（1）明确运营目标，知道做视频号是为了什么。有了最终的目标，在运营过程中才能少走弯路，避免资源浪费。

（2）对用户进行精准的定位，有利于更直接、有效地找到用户群体，为用户提供更符合他们需求的作品，从而使作品在激烈的竞争中脱颖而出。

（3）作为视频号的运营者，只有做好优势定位，并根据优势做出相应的规划和准备，制作出高质量的视频内容，才能更好地在自己擅长的领域发力。

（4）不同的用户有不同的需求，而视频内容正是根据用户的需求来制作的。不同的用户群体喜欢不同的内容，而不同的内容又可以吸引不同的用户群体。

寻找准确的定位是实现精准引流的基础所在，运营者定位越精准，引流就越简单。

2. 分析优势，扬长避短

在视频号平台上，激烈的竞争让很多运营者深有感触。要想在这场"战斗"中生存甚至获得胜利，分析自己的竞争优势显得尤为重要。

（1）不同的视频号运营者会有不同的喜好和兴趣，找到适合自己的领域，才能最大限度地发挥个人优势。因此，选对领域是非常重要的。

（2）在短视频领域中，作品同质化的问题尤为显著。要想从竞争中脱颖而出，必须追求精品、打造精品。只有以品质为王，将品质放在首要位置，才能赢得用户的认可。

（3）给予市场更多的关注，发现并快速掌握市场热点，在储备量和时效性方面同时占据主导地位。

了解自身的优势，在擅长的领域发力，才能更直接地发挥能力，更高效地生产产品。

3. 灵活借鉴，取长补短

视频号平台上的短视频，内容非常丰富，题材十分广泛，运营者可以根据自己的定位，选择部分用户的短视频作为借鉴，从中学习运营技巧。

（1）借鉴剧情是一种十分普遍的借鉴模式，这样运营者可以省掉构思的过程，从而大大节约了创作时间。

（2）借鉴角色设定是另一种比较常见的借鉴模式，角色形象已定，转换一个场景就能创作一段新的短视频。

（3）借鉴话术是一种便于操作的借鉴模式。更改一些重点词就可以实现。但是，这种模式需要考虑特定的场景，不能不加思考地随便照搬。

在创作短视频之初，借鉴别人的短视频确实是一种省时省力的做法，但是，这个策略不能长久使用。毕竟，想要与众不同，独特的构思是必不可少的。

4. 组建团队，高效输出

一个人的力量毕竟有限，想要在视频号平台上长期运营，组建一个运营团队是很好的选择。而且，团队成员的分工一定要明确，只有如此，才能保质、保量地输出短视频。

具体而言，一个运营团队需要编剧、导演、摄影、剪辑、演员等人员。只有所有成员通力合作，才能顺利制作出一段符合要求的短视频。

（1）编剧是创作视频号内容的灵魂，只有拥有好的构思和剧本，才能吸引用户的眼球。

（2）导演对演员的指导和对拍摄现场的把控，是短视频顺利拍摄完成的重要保证。

（3）专业的摄影和剪辑团队能够提升短视频的整体质量，给用户带来一场视觉盛宴。

（4）演员是剧本的演绎者，他们的表现对短视频的最终呈现效果有着决定性的影响，其重要性不言而喻。

运营团队的组建是一项非常复杂的工作，不仅人员构成复杂，组建方式也是多种多样的。在不同的运营阶段，运营者可以根据自身的实际情况，选择合理的人员和组建方式。

在运营视频号的过程中，运营者往往要使用多种运营策略。谁能更好地将各种运营策略结合起来，谁就能将运营策略的威力发挥到最佳，也就能在视频号平台上获得更多的关注。

五、视频号背后的新商机

视频号的出现，说明短视频领域仍有红利可挖掘。那么，投身竞争激烈的视频号领域，又能给用户带来什么新商机呢？

1. 话题红利

视频号的很多产品和内容与各种话题都有着千丝万缕的联系，围绕每个话题可以延展出多条引流渠道和多种变现模式。尤其是在教育培训行业，视频号能够带来的话题红利是十分可观的。

2. 电商红利

就像其他短视频平台一样，视频号也有视频带货的巨大潜力。对电商而言，这是一个全新的"战场"，谁能率先在这里布局，谁就能获得在未来获取红利的机会。即便现在带货的时机尚不成熟，但是，当视频号平台的流量增长到一定程度时，电商就能迅速实现流量变现。

3. 品牌红利

在视频号平台上，不仅有大量的个人在展示自己，也有许多企业在发布各种信息。尤其对于一些大公司来说，员工数量庞大，合作伙伴众多，在微信社交圈具有极大的人员基础。仅仅发布一段吸人眼球的短视频，就有可能在微信圈里引发迅猛传播，不仅会带来难以想象的流量，还能让品牌在更大范围内迅速传播。

依托微信生态系统的天然优势，视频号具有更大的发展空间，以及更多、更新的商业机会。只有及早布局和入局，才能分得更多的红利。

视频号的出现为短视频领域注入了一股新鲜血液。对于习惯了在其他短视频平台上进行激烈竞争的运营者来说，运营视频号将会是一个竞争相对较小且前景十分值得期待的新选择。身处蓬勃发展的短视频经济时代，面对10亿级用户的超大流量池，你还在等什么呢？